created to inspire...

HAPPINESS IS HOMEMADE

HAPPINESS

Glückseligkeit ist ein Zustand der tiefen inneren Ruhe und Zufriedenheit, unabhängig von äußeren Einflüssen. Ein Zustand des Friedens, der Liebe und Harmonie mit sich und der Welt.

IS

Ist bezeichnet einen Seinszustand, den Zustand des gegenwärtigen Moments. Im vollen Bewusstsein dessen liegt der Schlüssel zur Glückseligkeit, denn nur dort, im Hier und Jetzt, findet das wahre Leben statt.

HOMEMADE

Zuhause ist ein Gefühl der Geborgenheit und Vertrautheit. Dieses Gefühl existiert losgelöst von einem realen Ort, denn jeder trägt es in sich.

› Das wahre innere Glück kann nur aus diesem Gefühl heraus entstehen, aus dem Zuhause bei dir. Ein jeder ist selbst die Quelle und trägt schöpferische Kräfte zur Gestaltung seines Leben in sich, und zwar in jedem einzelnen Moment.
Ein verantwortungsvoller Umgang mit sich selbst bringt Harmonie in den Umgang mit anderen und der Welt.

let us all be happy...

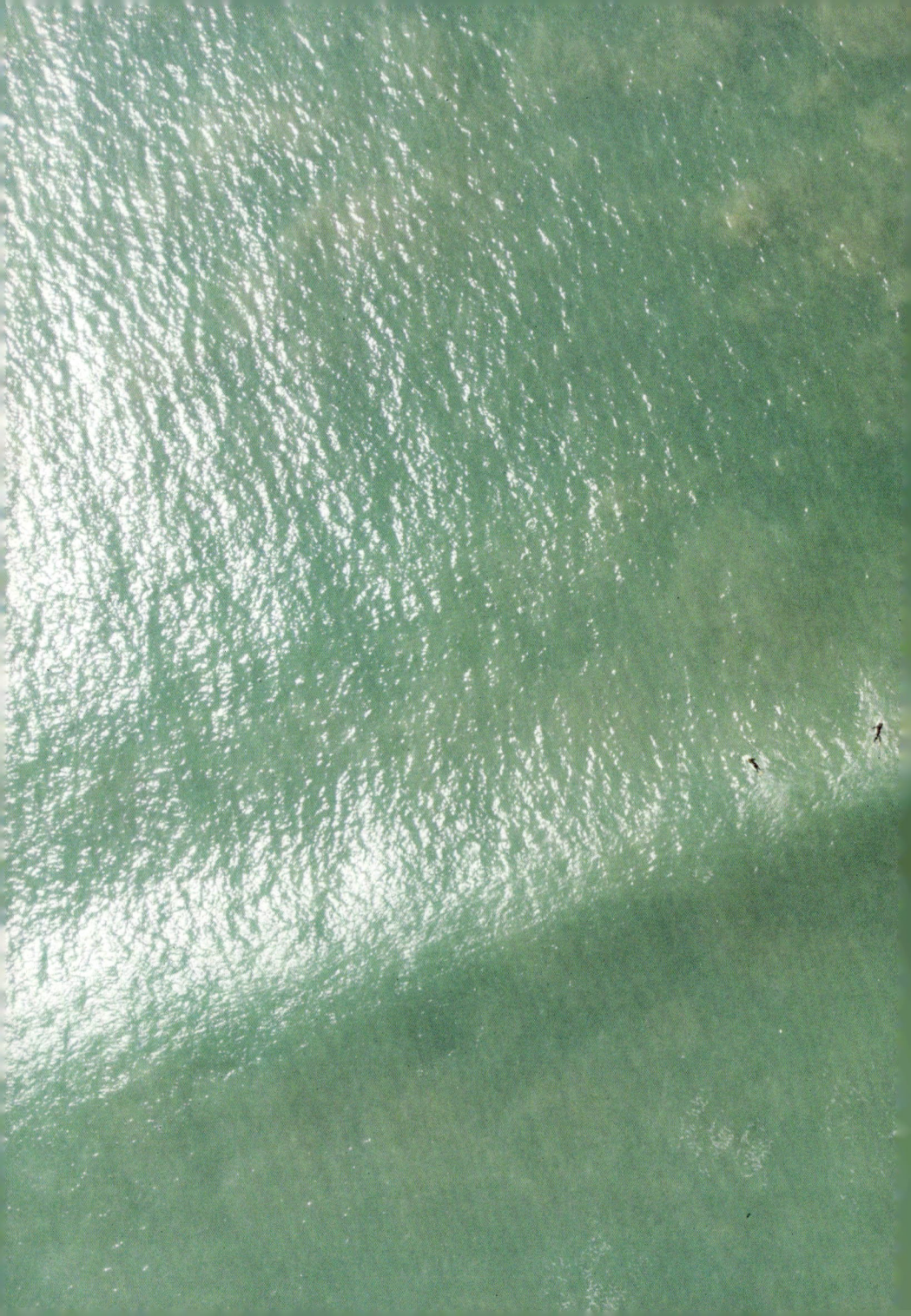

GEWIDMET

ALLEN REISENDEN DES LEBENS

WAS ERWARTET DICH?

Inspiration ist der Ausgangspunkt kreativer Entfaltung, was bedeutet, sein Leben frei und bewusst in die Hand zu nehmen. Deshalb findest du auf den 276 Seiten dieses Buches Inspirationen als Motivation dazu, dein eigenes Leben zu gestalten.
Die originellen DIY-Projekte und Rezeptideen können alle mit nur wenigen Mitteln sowohl unterwegs im Campervan als auch im festen Zuhause umgesetzt werden.
Dieses Buch begleitet dich auf deiner inneren und äußeren Reise. Es ist dabei kein Reiseführer, sondern vielmehr ein interaktives Workbook als Reisebegleiter mit Ideen und Gedankenanstößen für deine ganz persönliche kreative Entfaltung.

Bebildert ist das Buch mit Momenten meiner zweijährigen Reise, die mir Zeit und Raum für die kreative Gestaltung meines Lebens und dieses Buches gegeben hat. Wichtige Gedanken, Einsichten und Erfahrungen dieser Zeit teile ich hier als Erinnerung an mich selbst und zugleich an dich als Ermutigung, dich auf den eigenen Weg zu begeben und Verantwortung für das eigene Leben zu übernehmen.
Nimm dein Glück mit diesem Buch selbst in die Hand. Beschäftige dich damit und werde dir deiner schöpferischen Kraft bewusst. Mache dich auf deine eigene Reise.

HAPPY TRAVELS!

006
007

WER ICH BIN...

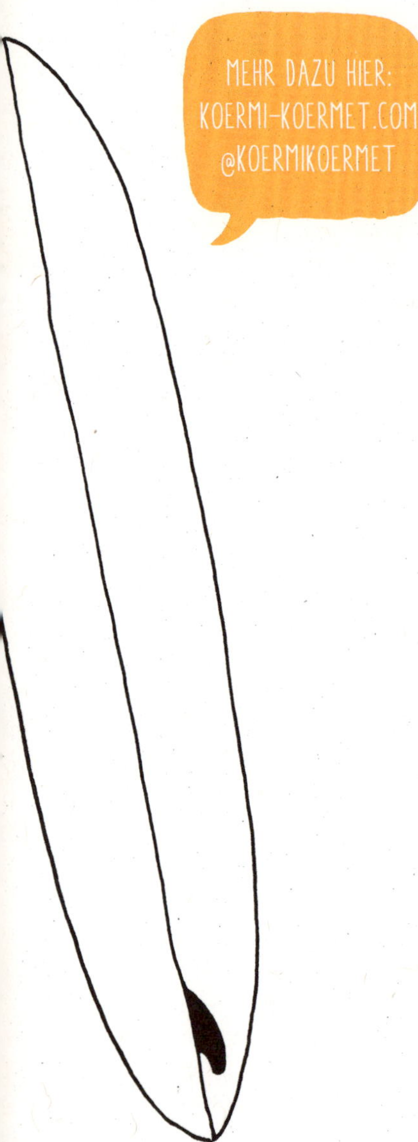
MEHR DAZU HIER:
KOERMI-KOERMET.COM
@KOERMIKOERMET

Ich heiße Kerstin (Körmi) und habe vor 26 Jahren im Südwesten Deutschlands das Licht dieser Welt erblickt – einer so faszinierenden Welt, die ich zu bereisen liebe, um dabei ihre natürliche Schönheit zu entdecken.
Seitdem ich vor sechs Jahren in Australien mit dem Surfen begonnen habe, zieht es mich nur noch in die Natur und ganz besonders ans Meer. Dort fühle ich mich als geborener Fisch in meinem Element, dem Wasser, zuhause und geborgen.
So habe ich mir vor zwei Jahren als Bachelorarbeit in Architektur einen Traum erfüllt und mir ein kleinstes mobiles Zuhause ausgebaut, um damit ans Meer zu ziehen.
„Happiness is homemade" war lange nur der Slogan meiner Marke, doch durch meine Reise wurde es auch zu meinem Lebensmotto und schließlich zum Titel dieses Buches: Womit ich mir einen weiteren Traum erfülle. Ich hatte zwar wenig Ahnung vom Schreiben und vom Verlagswesen, aber ich arbeite unglaublich gerne kreativ, mag schöne Bücher und bin eine Macherin. Also warum nicht ein schönes Buch machen?!

„KörmiKörmet“ ist vor einigen Jahren aus meinem Spitznamen entstanden. Es bezeichnet mein Label, für das ich allerlei Selbstgemachtes wie Schmuck, Surfponchos und Reise-Accessoires produziere und vermarkte. KörmiKörmet hat meine Reise begleitet und sie so überhaupt erst möglich gemacht.
Mittlerweile steht es als Gesamtkonzept unter dem Motto „Happiness is homemade“ neben meinen selbstgemachten Produkten auch für meinen Minivan, dessen Ausbau, das Reisen, Kreatives und alles, was mich sonst noch glücklich macht.

VANLiFE

„Vanlife" steht für das Leben und Reisen im Campervan oder in einem anderen Reisemobil. Es erlebt derzeit ein echtes Revival. Immer mehr Menschen schließen sich diesem Lifestyle-Trend an. Er ist repräsentativ für die Sehnsucht der Gesellschaft nach Freiheit und Entschleunigung: Zurück zu den Grundlagen des Lebens, zu dem, was wirklich zählt.

Der alternative Lebensstil ermöglicht selbstbestimmtes Leben in Einheit mit der Natur und somit eine Rückbesinnung auf die Grundbedürfnisse. Es gibt nicht viel Platz für unnötigen Schnickschnack, dafür Raum und Zeit für Kreativität und Leben. Die Camper-Community wächst, und mit ihr das Bewusstsein für die wirklich wichtigen Dinge im Leben.

Das Gefühl von Freiheit und der minimalistische Lebensstil verbinden und bringen Menschen verschiedenster Herkunft und Altersklassen zusammen, wo auch immer gerade geparkt wird. Denn das Zuhause ist stets dabei.

MINIVAN PIAGGIO PORTER

Piaggio Porter ist ein italienischer Minivan, der vor meiner Umnutzung als mobiles Zuhause als oranges Platzwunder der Stadtwerke unterwegs war. Patscho, wie ich ihn liebevoll getauft habe, ist wohl etwas kleiner als gewöhnliche Campervans, bietet aber mit seiner großen Ladefläche doch ausreichend Platz für eine Person zum Schlafen. Perfekt also als erstes Eigenheim für den kleinen Geldbeutel – und für mein Bachelorprojekt „Minimal mobil – mobiles Wohnen auf engstem Raum".

ZAHLEN UND FAKTEN

BAUJAHR 2009
LEERGEWICHT 990 KG
HUBRAUM 1296 CCM
LEISTUNG 64 PS
VERBRAUCH CA. 7 L/100KM
MAX. GESCHW. 134 KM/H
KRAFTSTOFF SUPER 95
AUSBAUKOSTEN CA. 1.000 €
FARBE ORANGE

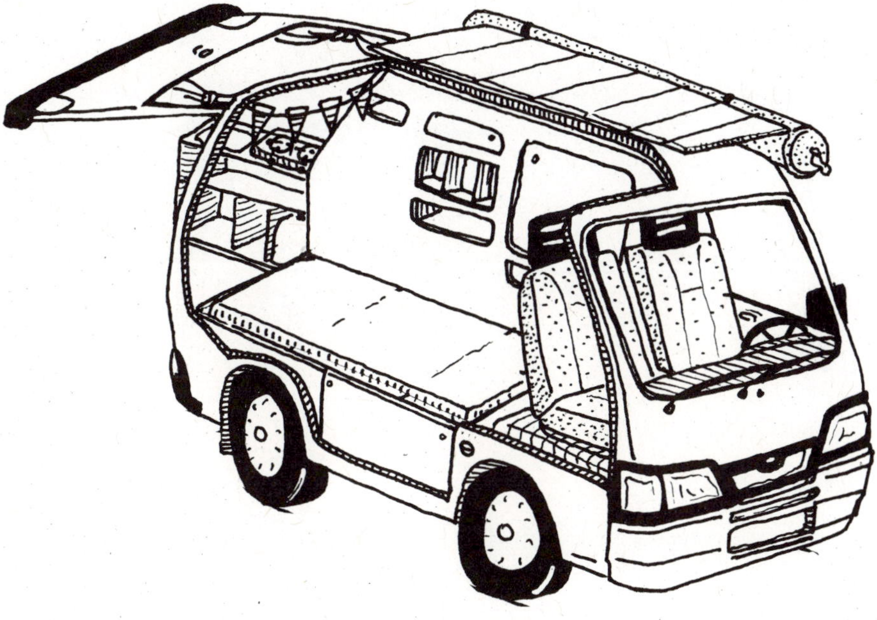

DER AUSBAU

Der Selbstausbau eines Campervans ermöglicht es, auf individuelle Bedürfnisse und Anforderungen einzugehen. Ohne viel Fachwissen kann so aus einem Auto recht schnell und günstig ein gemütliches Eigenheim mit persönlichem Charakter entstehen. So habe ich Patschos Innenraum anhand meiner Bedürfnisse entworfen und mit der Hilfe eines Schreiners und meiner Familie in knapp einem Monat ausgebaut.

SCHAU DIR DAS VIDEO ALLER FUNKTIONEN AN: KOERMI-KOERMET.COM

Der Minivan funktioniert wie ein Schweizer Taschenmesser über Multifunktionen. Im geschlossenen Zustand bietet er Privatheit und Schutz mit einem Schlafplatz und Stauraum im Multifunktionsregal. So kann überall unauffällig geparkt und genächtigt werden, egal, ob mitten in der Großstadt oder auf dem Land.
Durch Ziehen, Schieben und Klappen lassen sich weitere Funktions-Module erschließen, wie beispielsweise Sitzgelegenheiten und Tisch im Innenraum.
Beim Öffnen des Autos entstehen neue, kommunikative Räume im Freien. Die Heckklappe bietet Schutz vor Regen beim Kochen und Essen im Freien mit ausreichend Platz für gesellige Abende unter Camperfreunden.

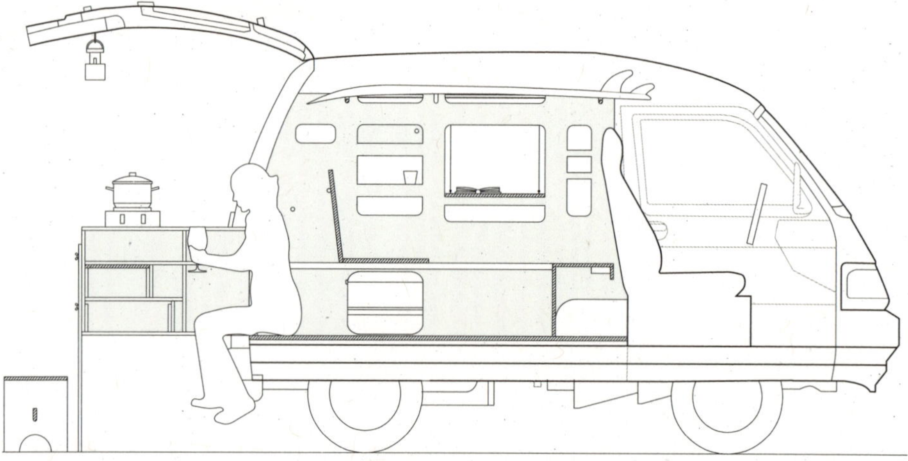

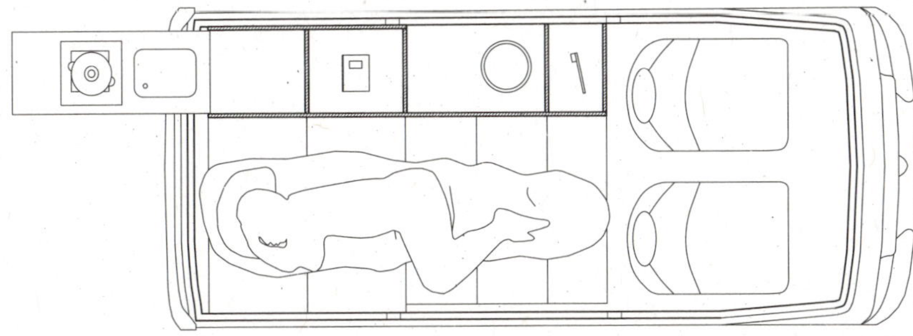

DIE KONSTRUKTION

Die Konstruktion des Ausbaus besteht aus behandelten 16 mm starken 3-Schichtplatten (Fichte). Diese weisen eine hohe Stabilität und geringen Verzug bei niedrigem Eigengewicht auf und stammen aus nachhaltiger Forstwirtschaft. Außerdem sind sie leicht zu bearbeiten und vergleichsweise günstig. Der Ausbau des Vans ist mit wenigen Handgriffen von zwei Personen in wenigen Minuten montier- und demontierbar.

SURF
SURF

TAKE AN ADVANTURE

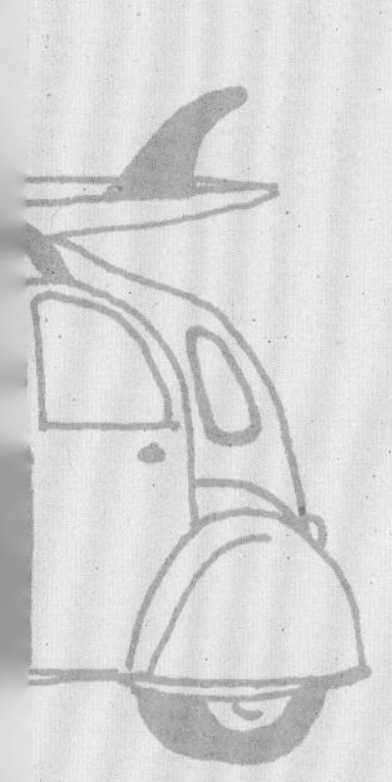

ich packe meinen
Camper und nehme mit ...

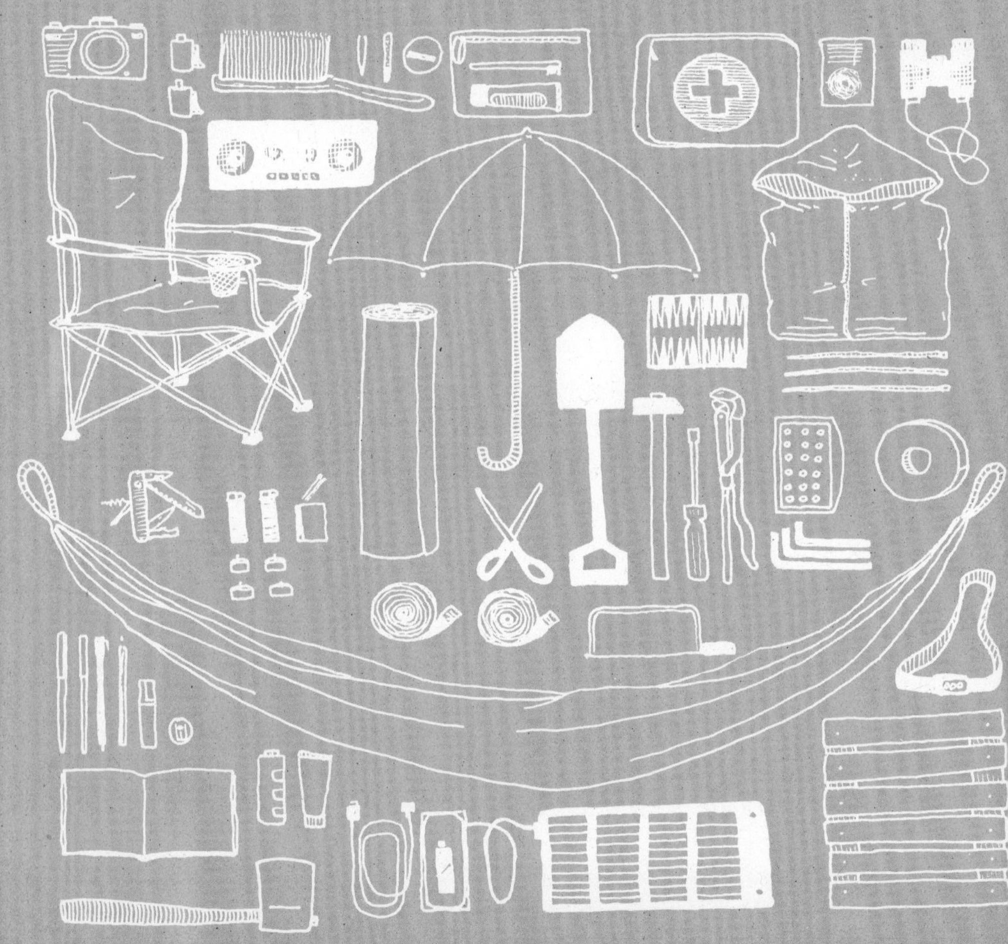

PACKLISTE

- [ ]
- [ ]
- [ ]
- [ ]
- [ ]
- [ ]
- [ ]
- [ ]
- [ ]
- [ ]
- [ ]
- [ ]
- [ ]
- [ ]
- [ ]
- [ ]
- [ ]
- [ ]
- [ ]
- [ ]
- [ ]
- [ ]
- [ ]
- [ ]
- [ ]
- [ ]
- [ ]
- [ ]
- [ ]
- [ ]
- [ ]
- [ ]
- [ ]
- [ ]
- [ ]
- [ ]

DIY-ANLEITUNGEN

DIY – Do It Yourself. Aus dem Englischen übersetzt bedeutet das: Mach es selbst. Was früher selbstverständlich war, liegt auch heute wieder im Trend.
Dinge selbst zu machen und zu erschaffen ist mit dem Resultat in der Hand sehr erfüllend und gibt dem Gegenstand einen persönlichen Mehrwert. Ob Geschenke, Deko oder Gebrauchsgegenstände, vieles kann ganz einfach, schnell und mit wenig Materialeinsatz von jedem selbst hergestellt werden. Auch im Campervan. In dieser Rubrik findest du kreative und nützliche Ideen und Inspirationen für deine Reise. Selbstgemachtes verleiht deinem Camper einen persönlichen Touch und hilft dir, die wenigen Dinge, die im Camper Platz finden, noch mehr wertzuschätzen. Die Anleitungen lassen Raum für individuelle Anpassungen und Kreativität. Mach es selbst, wie es dir gefällt.

Viel Spaß beim Basteln, Häkeln, Bauen oder Nähen!

WAS HAST DU SCHON GEMACHT?

- ☐ SOLARDUSCHE 046
- ☐ TRAUMFÄNGER 052
- ☐ DOSENLICHT 056
- ☐ SPÜLMITTEL 062
- ☐ ZAHNPASTA 082
- ☐ TEXTILGARN 086
- ☐ KÖRBCHEN 088
- ☐ PAPIERHALTERUNG 096
- ☐ MAKRAMEE 116
- ☐ KORKENSCHACH 130
- ☐ KARTOFFELDRUCK 138
- ☐ SPURTLE SCHNITZEN 158
- ☐ HÄKEL-BASICS 162
- ☐ MÜTZE 164
- ☐ WIMPELKETTE 170
- ☐ BIENENWACHSTUCH 194
- ☐ HEFT BINDEN 206
- ☐ TEELICHTOFEN 210
- ☐ DUFTSÄCKCHEN 232
- ☐ SCHLÜSSELBAND 238
- ☐ SUNBLOCKER 240
- ☒ SELBSTGEMACHT

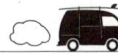

REISE-REZEPTE

Kochen im Campervan, das wird oft unterschätzt. Viele verbinden die Reiseküche mit langweiligen Fertiggerichten. Dabei können auch auf einem Gasbrenner oder auf dem Lagerfeuer ganz leicht die leckersten Dinge gezaubert werden. Das erfordert lediglich etwas Kreativität, Umgewöhnung und Planung. Selbst ohne Kühlschrank lässt sich so über Monate hinweg sehr abwechslungsreich kochen. Die aufgelisteten Rezepte sind alle in einer minimal ausgestatteten Campingküche ohne Kühlschrank herzustellen und geben ein paar Inspirationen in verschiedene Richtungen. Natürlich ist die Liste an leckeren Campingrezepten unendlich. Ganz besonders mit frischem, regionalem Obst und Gemüse können die leckersten Gerichte zubereitet werden. Geh dazu einfach auf den nächsten Wochenmarkt und lass dich inspirieren.

Viel Freude beim Kochen und Experimentieren!

DU BRAUCHST

REIBE, BRETTCHEN, SCHARFES MESSER, PFANNE, TOPF, KOCHLÖFFEL, KOCHER

ACHTSAMKEITS-IMPULSE

Achtsamkeit ist ein bewusster Zustand der Wahrnehmung und bedeutet, sowohl körperlich als auch mental hellwach und im Hier und Jetzt gegenwärtig zu sein, sich also seiner direkten Umwelt, seines Körpers und seiner Emotionen in diesem Augenblick bewusst zu sein. Dabei werden diese Faktoren aufmerksam beobachtet und angenommen, ohne sie aber zu bewerten und ohne sich von Gedanken aus der Vergangenheit oder Zukunft ablenken zu lassen. Dies kann mithilfe von verschiedenen Übungen trainiert werden, die das Wohlbefinden und die Konzentration im Alltag steigern können und für mehr innere Ruhe, tiefe Zufriedenheit und Lebensfreude sorgen.

Bei meinen Texten und Anregungen handelt es sich nicht um wissenschaftlich belegte Fakten, sondern um Themen und Inspirationen, die aus persönlichen Erfahrungen und Gedanken im Verlauf meiner Reise in Richtung mehr Achtsamkeit und Glückseligkeit entstanden sind.

2 JAHRE
35 000 KM
6 LÄNDER

MEINE REISE...

Mit dem Ziel Meer bin ich mit meinem Mini-Zuhause Patscho losgefahren. Aus Meer wurde mehr. Mehr Meer. So war ich am Ende knapp zwei Jahre mit Patscho zwischen Irland und Marokko entlang der Atlantikküste unterwegs. Über 35.000 km haben wir zurückgelegt und sind dabei über Stock und Stein, das Meer, Berge, durch die Wüste und über endlose Straßen gefahren. Unzählige Stellplätze in der Schönheit der Natur haben wir genossen und hinter uns gelassen.
Folge meiner Reise ins Glück in meinem Reisebericht jeweils am Anfang der Kapitel.

DURCH...

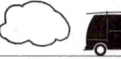

MIT DIY-IDEEN,
REZEPTEN &
ACHTSAMKEITS-
IMPULSEN

WOHIN FÜHRT DICH

DEINE REISE?

Frankreich ist flächenmäßig nicht nur das größte Land der EU, sondern auch eines der meistbesuchten Länder der Welt. Dies ist zurückzuführen auf die unglaubliche Vielfalt an Landschaften und Städten mit zahlreichen kulturellen Schätzen. Frankreich wird auch gerne mit dem französischen Begriff „Grandeur", ein Ausdruck für Größe und Herrlichkeit, in Verbindung gebracht, was die Bewohner des Landes mit großem Nationalstolz erfüllt. Stolz können sie vor allem auch auf ihre weltweit bekannten kulinarischen Spezialitäten sein, beispielsweise besonders guter Wein und Käse. Das Land wird von drei Seiten vom Meer umschlossen, dem Mittelmeer im Süden, dem Ärmelkanal im Norden und dem Atlantik im Westen. Auf meiner Reise habe ich mich an den wellenreichen Westen gehalten. Das südlich der Pyrenäen gelegene Baskenland ist gesäumt von Klippen und grünen Bergen. Gegen Norden geht die Küste langsam in endlos lange Sandstände mit schattigen Pinienwäldern im flachen Hinterland über. Besonders dieser Küstenabschnitt Frankreichs ist im Sommer maßlos überfüllt mit Touristen. Weiter gegen Norden wird es einsamer, man kommt in die Bretagne, die als riesige hügelige Halbinsel zerklüftet in den Atlantik ragt. Hier spürt man den keltischen Einfluss besonders in der bretonischen Sprache und den typisch bretonischen Steinhäusern. Bei stürmischem Wetter verkriecht man sich am besten in einem dieser, um dort einen leckeren Crêpe mit frischem Cidre aus der Region zu genießen.

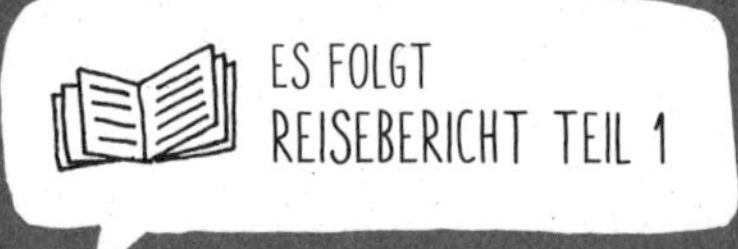
ES FOLGT
REISEBERICHT TEIL 1

FRANKREICH

MEINE REISE INS GLÜCK

- ein kurzer Reisebericht mit Tiefgang

An einem verregneten Morgen geht sie los, die Reise ins Ungewisse. Meine sieben Sachen sind gepackt und Patscho startklar. Seit Wochen habe ich darauf hingearbeitet. Meine Bachelorarbeit, der Vanausbau und die Produktion für meinen rollenden Verkaufsladen haben mich Tag und Nacht beschäftigt, sodass ich kaum einen Gedanken an den Verlauf meiner Reise verschwenden konnte. Das einzig feststehende Ziel war: Meeehr. Meer mit Wellen und mehr Zeit für Hobbies, Freunde und Ruhe zur Rückbesinnung. Eine kleine Auszeit vom Stress und der Hektik des deutschen Alltags. Zum ersten Mal in meinem Leben bin ich frei. Frei von jeglichen Fremdbestimmungen wie einem Job, Studium oder einer festen Beziehung.

Ab jetzt habe ich das Steuer in der Hand.

Und zwar das meines knallorangen Minivans Piaggio Porter. In ihn habe ich während der letzten Wochen viel Herzblut und harte Arbeit gesteckt, um mit Hilfe von Freunden und meiner Familie ein bezauberndes kleines Zuhause zu erschaffen. Dieses wird mich nun hoffentlich bis ans Meer bringen – was laut meines Mechanikers aber gar nicht so wahrscheinlich ist. Denn: „Ein Piaggio ist nicht für solche Strecken gemacht." Ich versuche es trotzdem und fahre mit leicht flauem Gefühl im Magen los in Richtung Meer. Ich bin froh, dass Mareike, eine sehr gute Freundin, neben mir sitzt und mich für die ersten Tage in Freiheit begleitet. Wir versuchen das laute Motorengeräusch mit unseren Gesangskünsten zu übertönen, während wir gemächlich über die französischen Landstraßen tuckern.
Patscho ist nicht der Schnellste, deshalb verbringen wir die erste Nacht auf halber Strecke, wo wir uns im Schatten von großen weißen Wohnmobilen verstecken. Zu zweit auf 85 Zentimetern Liegebreite mit den Füßen des anderen im Gesicht haben wir erstaunlich viel Platz zum Schlafen.

Die halbe Strecke haben wir bereits bewältigt, am Meer sind wir allerdings noch nicht. Also machen wir uns am nächsten Morgen mit den ersten Sonnenstrahlen und voller Vorfreude auf die nächste Etappe, durch kleine, verschlafene Vorstädte und Pinienwälder. Bis ans Meer. Patscho hat es also doch geschafft. Über 1.000 Kilometer durch ganz Frankreich. Ich bin ganz schön stolz auf den kleinen orangen Flitzer.

Die französische Atlantikküste begrüßt uns mit kniehohen Wellen, einer leichten Brise, 30 Grad Celsius, einem Dutzend badefreudiger Touristen und einigen meiner liebsten Studienkollegen. Wir haben uns hier verabredet, um nochmals etwas Zeit zusammen zu verbringen, bevor sich unsere Wege erst einmal trennen. So verbringen wir ausgelassene Tage bei spaßigen Wellen, Sonnenschein, Wein aus Bordeaux und Lagerfeuer am Strand. Ich fühle mich so wohl in der Gesellschaft meiner Herzensmenschen, dass mir ein paar Wochen später bei ihrer Abreise Tränen über die Wangen kullern.

Ich fühle mich alleingelassen, weiß nicht so recht, wohin mit mir, habe keine wirklichen Pläne. Das macht mir plötzlich Angst. Ich war es immer gewohnt, eine Antwort zu haben auf die Fragen: Wer bist du? Was machst du? Eine Identität. Die habe ich nun plötzlich scheinbar nicht mehr. Das wird mir gerade erst bewusst. Ich bin einfach einer Intuition, einem Bedürfnis nach Freiheit gefolgt. Und nun hier, am Strand, in der Sonne, mit einem Auto voll selbstgemachter *Surfponchos*[1] und Accessoires, womit ich meine Reise finanzieren möchte. Aber eine Reise wohin? Wie lange? Mit wem? Ich habe keine Ahnung! Was sich zunächst so verlockend anhörte, die absolute Freiheit, macht mir nun Angst.

Meine Freunde hinterlassen ein Loch. Es ist tief, und ich sehe den Grund nicht, weiß nicht, woher dieses Gefühl kommt und warum es mich aus meinem Flow zieht. Es schreit nach mehr als nach oberflächlichem Verlangen, nach etwas Tiefem. Nach tiefer innerer Zufriedenheit.

Happiness. Hier bin ich, aber wo bist du?

Wo ist sie zu finden, die tiefe Glückseligkeit unabhängig von äußeren Einflüssen und Lebenssituationen? Ich möchte es ergründen, das Loch in mir und mit ihm die Frage und Suche nach dem Ursprung innerer Ruhe. Das wird fortan zur Essenz meiner Reise, die mich weiter gen Süden entlang der Atlantikküste durch Nordspanien in Richtung Portugal bringen soll.

Ich surfe, habe Freunde zu Besuch, esse Tapas und genieße das nordspanische Lebensgefühl in der Sonne. Auch die Geschäfte mit meinem rollenden Verkaufsladen, dem Rolling Shop, laufen gut. Und trotzdem tauchen inmitten paradiesischer Umgebungen immer wieder innere Unruhe und laute Gedanken auf. Was mache ich hier eigentlich? Worin liegt der Sinn? Sollte ich nicht auch eher zuhause einem vernünftigen Job und geregelten Leben nachgehen? Bin ich auf der Flucht vor irgendetwas?

Aber eigentlich erfülle ich mir doch einen Traum: zu reisen und zu surfen mit Zeit für kreatives Arbeiten. Warum suchen mich immer wieder diese Ängste und Sorgen aus der Vergangenheit, um die Zukunft und um unsere Gesellschaft heim? Ich bin nicht wirklich hier, nicht entspannt, eher rast-

[1] *Umziehhandtücher für den Strand*

los. Ich lenke mich ab und überlade mich mit Besuch, Sport, neuen Orten und Abenteuern. Die Ablenkungen machen Spaß, keine Frage, aber sie kaschieren das Loch lediglich. Tiefe innere Ruhe und Erfüllung im Jetzt finde ich so nicht. Nur selten begegnen mir Momente, in denen ich Zeit und Raum vergesse und meine lauten Gedanken für einige Sekunden verstummen. Diese Momente sind kurz, aber hoffnungsstiftend, und sie geschehen meist in der Schönheit der Natur. Diese ist im verlassenen Galizien mit seinen saftig grünen Wäldern, weißen Sandstränden und dem türkisfarbenen Meer unglaublich idyllisch und wunderschön. Während zuhause die Blätter langsam von den Bäumen fallen, bin ich immer noch auf der Suche und folge weiter der Sonne für einen endlosen Sommer.

› *Fortsetzung auf Seite 070*

ROLLING SHOP

Man mag kaum glauben, was alles in den kleinen Patscho passt. Er bietet nicht nur Raum für ein Zuhause, sondern auch Produktions-, Transport- und Verkaufsfläche für meine selbstgemachten Sachen.
Unter dem Motto "keep us rolling" hat der Rolling Shop Patscho mit Sprit versorgt und so am rollen gehalten, sodass ich immer weiter reisen und meine Zeit fröhlich dem Surfen und handwerklichen Arbeiten widmen konnte. Seit Kindesalter nähe und erschaffe ich Dinge gerne von Hand. Das Schmuckhandwerk habe ich während eines Studienaufenthaltes in Südamerika lieben und praktizieren gelernt.

BELADEN MIT

- SURFPONCHOS
- REISEACCESSOIRES
- SCHMUCK

ALLES MIT LIEBE SELBST GEMACHT

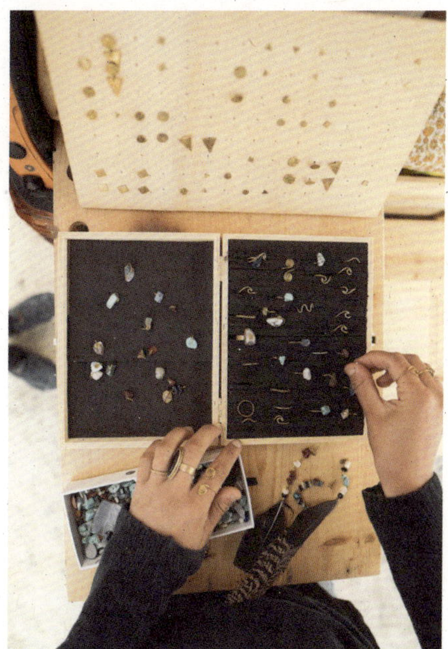

SELBST NÄHMASCHINE UND SCHMUCKWERKSTATT FINDEN PLATZ IM KLEINEN PATSCHO.

COME
HOME
TO THE
PRESENT

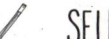

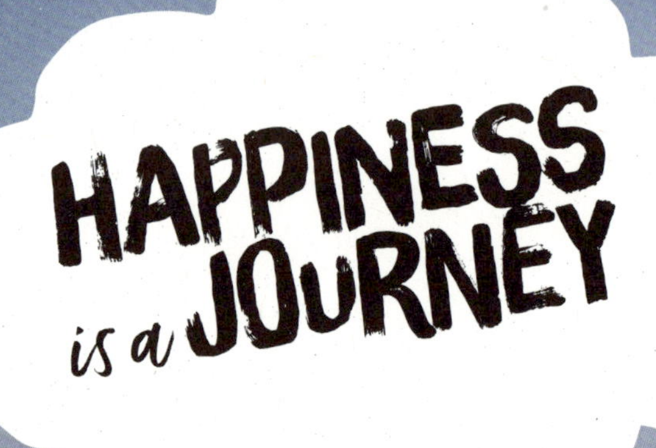
HAPPINESS
is a JOURNEY

LEBENSWEG

Wir sind alle Reisende. Reisende auf unserem eigenen Lebensweg. Dieser ist so individuell und einzigartig wie jeder Mensch und kann nicht mit anderen verglichen werden. Konzentriere dich auf deinen eigenen Weg. Nur in ihm, in der Konzentration auf den jeweiligen Abschnitt, ist das wahre Glück zu finden. Nur hier kannst du aktiv die Richtung bestimmen. Jeder Weg bringt auch Berg- und Talfahrten, Kreuzungen und Sackgassen mit sich. Würde er immer nur geradeaus und eben verlaufen, wäre die Reise doch langweilig. Deshalb nimm auch Umwege und Unebenheiten an und sieh sie als Teil deines Weges. Du lernst daraus und entwickelst dich weiter. Nicht in dem Erreichen eines Zieles liegt das Leben und mit ihm das wahre Glück – es ist in jedem einzelnen Abschnitt zu finden.

SEHNSUCHT NACH MEEHR

MEEHR

Das Meer hat eine magische Anziehungskraft auf uns Menschen. Es ist ein Ort der Ruhe und Entspannung für den Geist. Mit seiner unendlichen Weite, seiner tiefblauen Farbe und dem rhythmischen Rauschen ergreift es all unsere Sinne und zieht uns in seinen Bann und in den Moment. Die Weite des großen, geheimnisvollen Meeres bietet Raum für Kreativität, und das Baden darin verbindet mit der Natur. Im Einklang mit ihr fühlen wir uns schwerelos und leicht, körperlich und seelisch frei von erdrückenden Gedanken. Es stimmt uns glücklich und durchströmt uns mit einer tiefen inneren Zufriedenheit.

Die Sehnsucht nach Meer ist die Sehnsucht nach genau diesem Gefühl. Einem Gefühl der Erfülltheit und Vollkommenheit, der Schwerelosigkeit und der Einheit mit sich und dem Leben. Einem natürlichen Zustand also, dem wir oft aufgrund äußerer Einflüsse, Ängste und Sorgen fern sind. Dabei ist das Meer so nah bei uns. Immer. Sei dir dessen bewusst.

DAS LEBEN IST KURZ. NIMM DIR ZEIT FÜR MEEHR.

SOLARDUSCHE

Eine warme Dusche wird auf Reisen im Campervan zum absoluten Luxus. Wer auf den nicht verzichten möchte, baut sich ganz einfach diese Solardusche und nutzt die Energie der Sonne und die Erdanziehungskraft, um sich zu duschen. So entfällt die lästige Suche nach einer Dusche. Diese Anleitung gibt dir eine Idee für die Ausführung. Die einzelnen Bauteile (sie variieren je nach Land und Baumarkt) findest du in der Sanitär- und Gartenabteilung im Baumarkt.

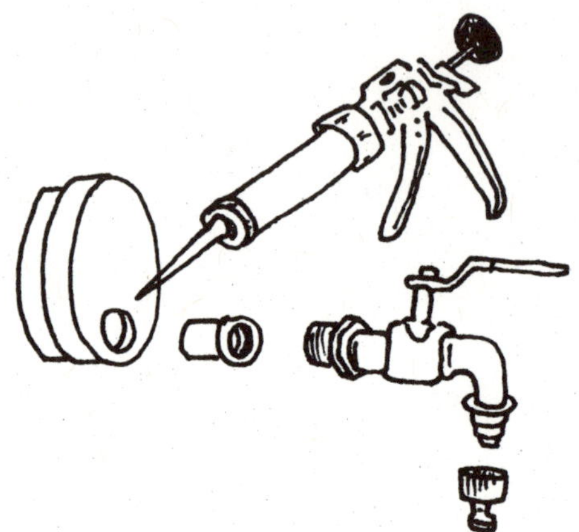

So geht's:

- Zunächst präparierst du einen Muffenstopfen mit dem Wasserhahnanschluss. Dies ist der aufwändigste Teil des Herstellungsprozesses. Dafür musst du ein Loch am Rand des Stopfens in der Größe des Einschraubgewindes bohren. Falls du keinen solchen Bohraufsatz hast, frage nett bei deinem Nachbarn oder im Baumarkt nach.
- Ist das Loch am äußeren Rand gebohrt, kann das Einschraubgewinde darin verkontert, mit Silikon verklebt und abgedichtet werden. Überall, wo du mit Silikon arbeitest, musst du die Oberflächen zuvor einmal gründlich reinigen. In das Einschraubgewinde kannst du nun den Gartenwasserhahn drehen und abdichten.

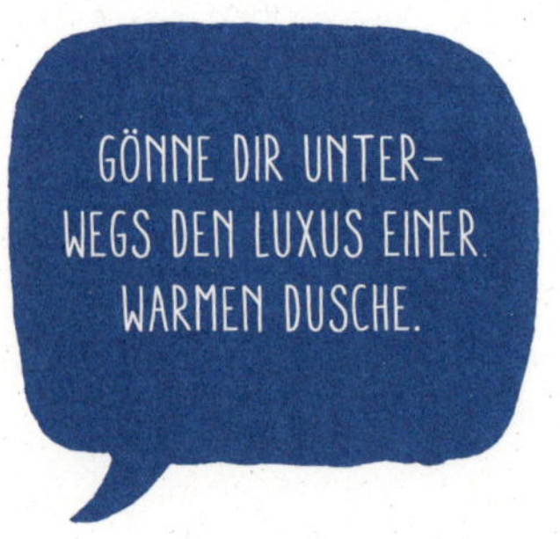

GÖNNE DIR UNTER-
WEGS DEN LUXUS EINER
WARMEN DUSCHE.

FÜR EINE DUSCHE

FOLGENDE PVC-ROHRTEILE MIT Ø 110MM:

- ☐ T-STÜCK MIT SCHRAUBGEWINDE UND DECKEL
- ☐ 1–2M LANGES ROHR
- ☐ VERBINDUNGSSTÜCK/DOPPELMUFFE
- ☐ 1 45° WINKEL
- ☐ 2 MUFFENSTOPFEN
- ☐ EINSCHRAUBGEWINDE
- ☐ GARTENHAHN MIT SCHLAUCHANSCHLUSS
- ☐ SCHLAUCH MIT ANSCHLUSSSTÜCKEN
- ☐ SILIKON
- ☐ KEGELBOHRER

OPTIONAL:

- ☐ BRAUSE
- ☐ ROHRSCHELLEN
- ☐ SCHWARZE FARBE
- ☐ SCHLEIFPAPIER

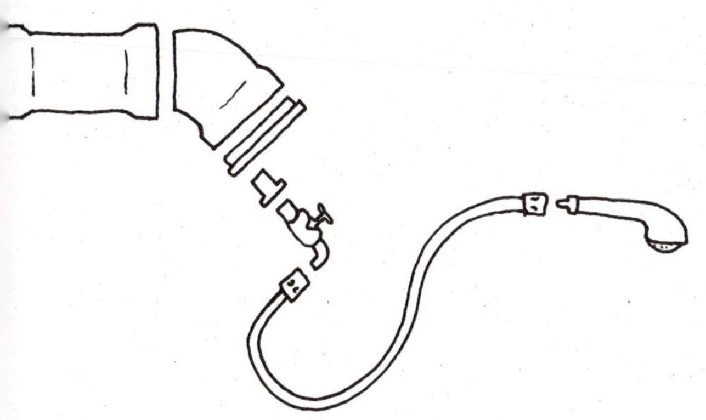

- Ab jetzt wird es einfacher. Du kannst die Teile in der Anordnung wie auf der Skizze zusammenstecken. Sie sollten alle Gummidichtungsringe haben, weshalb du etwas mehr Kraft für das Verbinden aufbringen musst. Achte darauf, dass der Schraubverschluss des T-Teiles und der Winkel in entgegengesetzte Richtungen zeigen.

- Damit sich die Solardusche in der Sonne besser aufheizt, kannst du die gesamte Konstruktion jetzt noch einmal mit Schleifpapier oder einem Drahtschwamm anrauen und dann schwarz einfärben.

- Gedulde dich etwa 24 Stunden, bis die Farbe und der Kleber getrocknet sind.

- Wenn alles trocken ist, kannst du die Dusche auf deinem Dachträger sicher befestigen.

- Über den Schraubdeckel wird die Dusche mit Wasser befüllt. Für die Benutzung musst du lediglich den Schlauch an den Hahn kuppeln und den Deckel etwas aufdrehen. Alternativ kannst du auch ein Loch in den Deckel des T-Stückes machen, um dem Unterdruck entgegenzuwirken. Dadurch sparst du dir das Aufdrehen.

ZEHN VS. HUNDERT

Im Campervan verbraucht ein sparsamer Mensch ca. zehn Liter Wasser pro Tag

Im Haushalt liegt der Verbrauch etwa zehnmal so hoch. Selbst sparsame Menschen verbrauchen hier pro Tag durchschnittlich 100 Liter.

WASSER

Wasser ist die reinste Form von Leben, im wahrsten Sinn des Wortes die Quelle des Lebens auf unserem Blauen Planeten. Wenn wir in einem Haus oder in einer Wohnung leben, strömt dort das Wasser einfach aus dem Hahn. Wir sind uns unseres Verbrauchs nicht wirklich bewusst.
Das ändert sich, wenn man unterwegs im Campervan mit nur geringen Wasservorräten auskommen muss. Wasser wird plötzlich zur Mangel- und Luxusware. Um nicht eine Durststrecke zu erleiden, muss die Reise entsprechend geplant werden. Dadurch wird einem bewusst, mit wie wenig Wasser man alle alltäglichen Wasch-, Putz-, und Kochprozesse erledigen kann, die beim herkömmlichen Wohnen oftmals Unmengen an Wasser verschlingen. Vor allem Warmwasser, das einiges an Energie beansprucht, und schadstoffreiches Abwasser belasten unsere Umwelt, sie sollten deshalb bewusst konsumiert und produziert werden.
Dieses Bewusstsein ist wichtig und sollte auch in den häuslichen Konsum übertragen werden, um einen verantwortungsvollen Umgang mit der wertvollen Ressource Wasser zu begünstigen.
Denn nicht überall ist Trinkwasser so selbstverständlich und frei zugänglich wie in unseren Breiten.

SELBST-BEWUSST-SEIN

Der Begriff Selbstbewusstsein wird oft für die äußerliche Beschreibung des Verhaltens einer vermeintlich starken Person mit viel Selbstvertrauen verwendet. Er bedeutet jedoch im wahrsten Sinne des Wortes, sich seiner selbst bewusst zu sein. Egal, ob es nun um die eigenen Schwächen oder um die Stärken geht.
Meist schenken wir dem Äußeren so viel mehr Aufmerksamkeit, dass wir uns unseres Inneren, unseres Selbst nicht mehr wirklich bewusst sind. Aber wer oder was steckt wirklich in uns? Wir können uns selbst nur dann treu sein, wenn wir uns unserer selbst, mit all unseren Schwächen und Stärken, bewusst sind. Nur dann kannst du auf deine tiefen Bedürfnisse eingehen, an dir arbeiten und „echt" sein. Stehe zu dir und verstelle dich nicht. Das ist unglaublich erlösend, weil es von äußeren Zwängen befreit.
Die Liebe zu sich selbst und zur eigenen Authentizität – das ist das wahre Selbstbewusstsein.

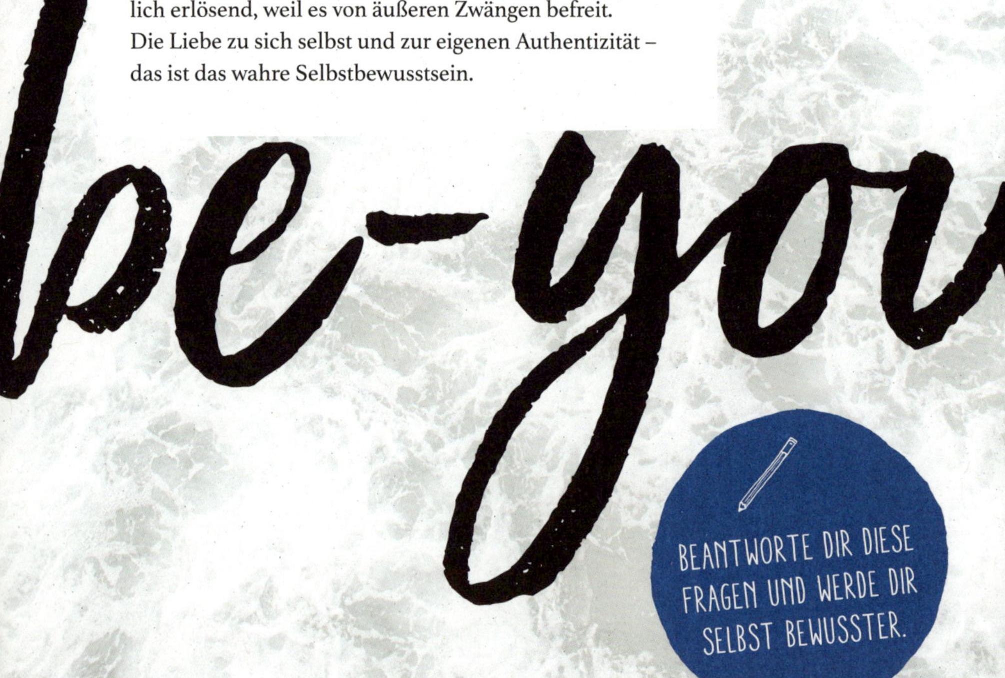

BEANTWORTE DIR DIESE FRAGEN UND WERDE DIR SELBST BEWUSSTER.

WER BIN ICH ?

Welche Eigenschaften machen mich aus?
Was ist mir wichtig ?
Wo und wann bin ich ich selbst?

-tiful

TRAUMFÄNGER

Für besonders erholsame Nächte im Camper sollte ein Traumfänger nicht fehlen. Denn er fängt schlechte Träume ein und lässt gute Träume hin zum Schlafenden gleiten. Dabei ist ein Traumfänger sehr dekorativ und verleiht dem mobilen Zuhause noch mehr Gemütlichkeit. Bei der Herstellung kannst du verschiedene Fundstücke deiner Reise einarbeiten. Auf dieser Seite wird der traditionelle, rund gesponnene Traumfänger beschrieben. Alternativ kannst du natürlich auch andere Formen (z. B. ein Dreieck) als Rahmen wählen.

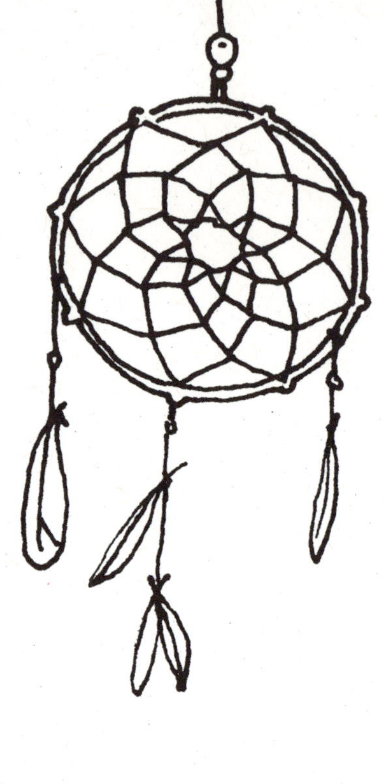

FÜR SÜẞE TRÄUME

- ☐ BIEGSAME ÄSTE (ODER FERTIGER RAHMEN)
- ☐ SCHNUR ODER WOLLE
- ☐ ZIERELEMENTE WIE PERLEN, FEDERN, MUSCHELN, SPITZENSTOFF
- ☐ OPTIMAL: NADEL MIT WEITEM ÖHR

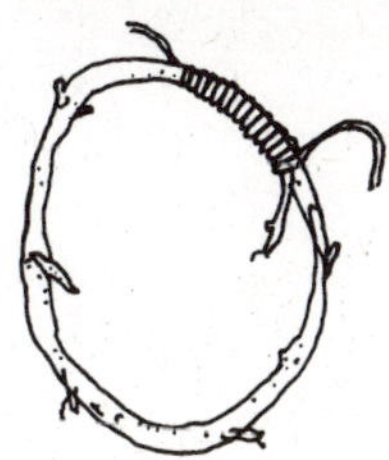

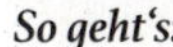

So geht's:

- Biege den Ast zu einem kreisförmigen Rahmen. Knote ihn mit etwas Wolle so zusammen, dass er die Form hält. Wenn du nicht möchtest, dass man später den Ast sieht, kannst du ihn noch mit Schnur dicht umwickeln.

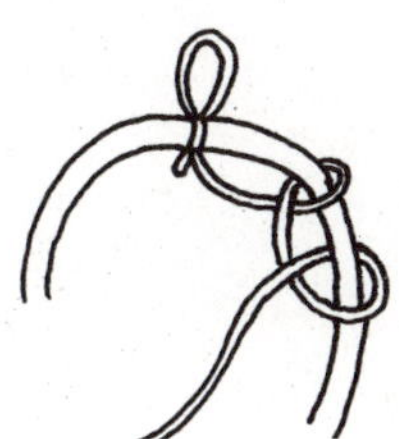

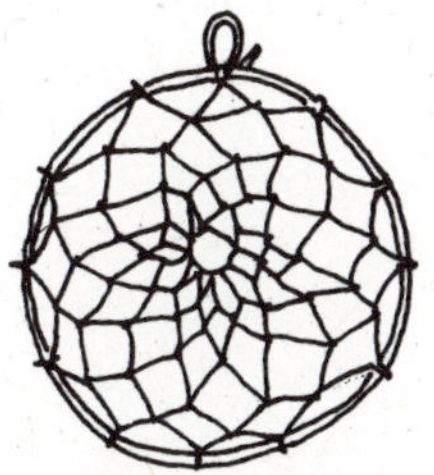

TIPP
DU KANNST BEIM SPINNEN PERLEN ODER ANDERE SCHMUCKELEMENTE EINARBEITEN.

- Für das Spinnen des Netzes stelle dir den Rahmen als Ziffernblatt einer Uhr vor. Bilde eine Schlaufe als Aufhängung bei 12 und verknote die Schnur dort. Mit der restlichen Schnur (am besten zu einem kleinen Knäuel gewickelt) umschlingst du nun den Rahmen sehr straff bei jeder Zahl des imaginären Ziffernblattes wie in der Skizze beschrieben. Für die inneren Runden spinnst du straff mit Schlingen in der Mitte der äußeren Schlaufen weiter. Für das Spinnen des Zentrums empfiehlt es sich, eine Nadel zu verwenden, um eine möglichst kleine Öffnung zu erhalten. Das Ende der Schnur verknotest du einfach.

- Nun kannst du den unteren Teil des Traumfängers noch verzieren. Knüpfe dafür beliebige Zierelemente (z. B. Fundstücke von deiner Reise) mit der Schnur unten am Traumfänger fest.

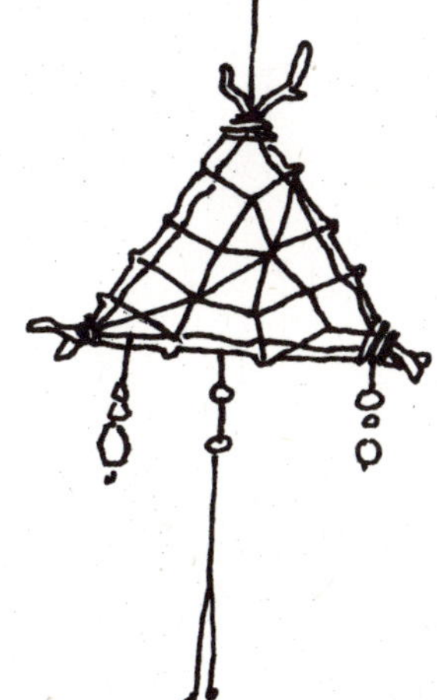

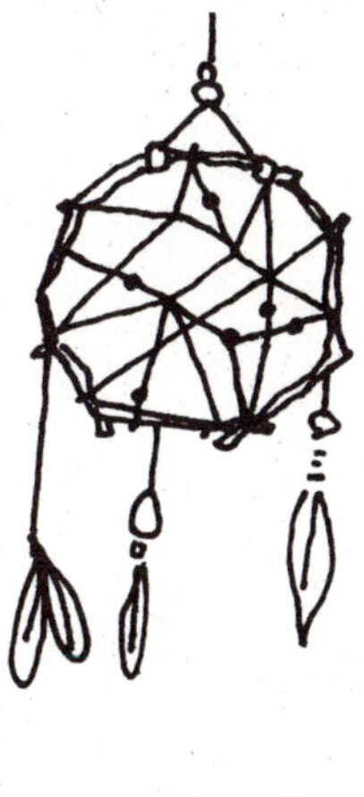

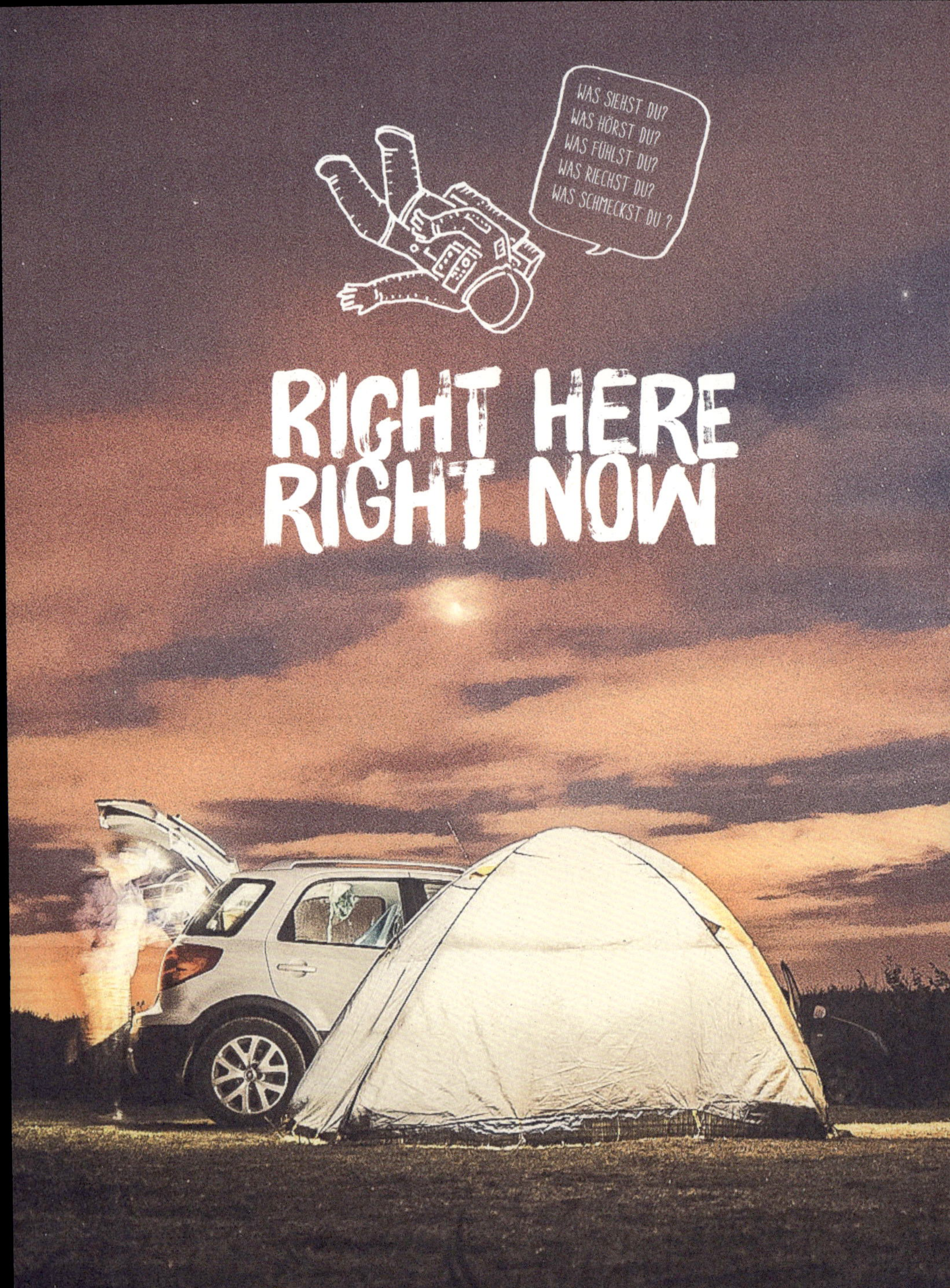

WAS SIEHST DU?
WAS HÖRST DU?
WAS FÜHLST DU?
WAS RIECHST DU?
WAS SCHMECKST DU ?

RIGHT HERE RIGHT NOW

HIER & JETZT

Das Geheimnis der Glücklichen liegt in der bewussten Wahrnehmung des Augenblicks im Hier und Jetzt. Der gegenwärtige Moment ist das Tor zur inneren Glückseligkeit. Denn außerhalb dessen kann nichts existieren. Du kannst dir Gedanken über Vergangenheit und Zukunft machen, aber du kannst nicht in ihnen leben. Niemals geschieht etwas in der Vergangenheit oder in der Zukunft. Das Leben passiert im Jetzt. Deshalb lenke deine Aufmerksamkeit darauf. Konzentriere dich auf den gegenwärtigen Moment und werde dir seiner bewusst. Dafür helfen dir verschiedene Achtsamkeitsübungen aus dem Buch. Gewöhne dir parallel dazu an, regelmäßig den Moment über all deine Sinne bewusst wahrzunehmen, indem du ihnen einzeln Aufmerksamkeit schenkst und auf diese Weise dich und dein Umfeld studierst.

DOSENLICHT

Mit dieser Anleitung kannst du dir mit wenigen Handgriffen ein schönes Windlicht aus einer recycelten Dose basteln. Stehend oder aufgehängt schafft es eine gemütliche Stimmung für die Abendstunden im Van oder draußen.

FÜR EIN DOSENLICHT

- ☐ LEERE KONSERVENDOSE
- ☐ HANDTUCH
- ☐ SPITZER NAGEL
- ☐ HAMMER ODER STEIN
- ☐ TEELICHT

OPTIONAL

- ☐ CA. 20 CM DRAHT

ACHTUNG
DOSENKANTEN SIND
SCHARF !!!

So geht's:

- Überlege dir ein Muster für dein Dosenlicht. Für bestimmte Motive wie beispielsweise einen Stern fertige dir eine Schablone, mit der du dir dann auf der Dose Punkte für die Löcher anzeichnen kannst. Der Abstand der Löcher zueinander sollte nicht kleiner als 0,5 cm sein, damit die Dose stabil bleibt.
- Nun kannst du die Punkte mit dem Nagel und dem Hammer nachschlagen. Lege die Dose dafür auf ein doppelt gefaltetes Handtuch, so rutscht sie nicht weg.

- Falls du das Licht gerne aufhängen möchtest, schlage in den oberen Rand noch zwei sich gegenüberliegende Löcher, ziehe den Draht durch und forme einen Griff. Jetzt brauchst du nur noch das Teelicht in der Mitte der Dose zu platzieren und anzuzünden.

TIPP
DU KANNST DIE DOSE AUCH NOCH MIT FARBE VERSCHÖNERN ODER MIT EINEM AKKUBOHRER FEINERE MUSTER MACHEN.

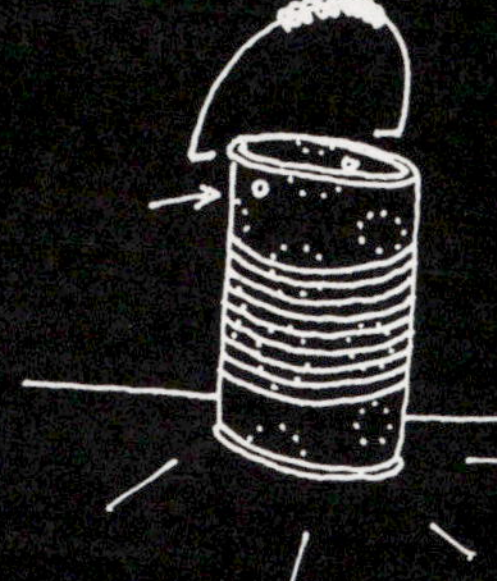

LAGERFEUER-DESSERT

Es gibt nichts Besseres als ein leckeres Dessert vom Lagerfeuer. Diese beiden Rezepte sind besonders schnell und einfach zubereitet, die Zutaten sind meist griffbereit.

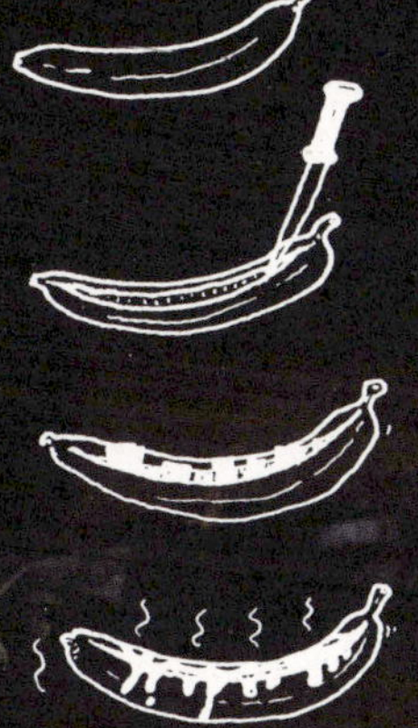

SCHOKOBANANE

Wie der Name schon sagt, brauchst du dafür Schokolade und eine Banane. Die Banane flach hinlegen und der Länge nach durch die obere Schale und das Fruchtfleisch hindurch mit einem Messer aufschlitzen. Der Boden muss dabei unverletzt bleiben. Dann Schokolade in Stücke zerkleinern und in den Schlitz geben. Die Banane solange auf den Grill oder direkt in die Glut legen, bis die Schale schwarz, das Innere der Banane weich und die Schokolade flüssig ist.

BRATAPFEL

Dafür brauchst du lediglich einen kleinen Apfel und einen spitzen Stock. Auf diesen spießt du den Apfel und lässt ihn über der Glut von allen Seiten insgesamt ca. 15 Minuten garen. Dann kannst du den gebratenen Apfel noch beliebig garnieren, beispielsweise mit Zimt und Honig – oder ihn einfach pur genießen.

... those campfire nights ...

DON'T WORRY BE HAPPY

WRAP IT

Wraps sind nicht wegzudenken aus der Campingküche. Allerdings werden sie meist in Plastik eingeschweißt im Supermarkt gekauft. Dabei sind sie ganz einfach und schnell selbst zuzubereiten.

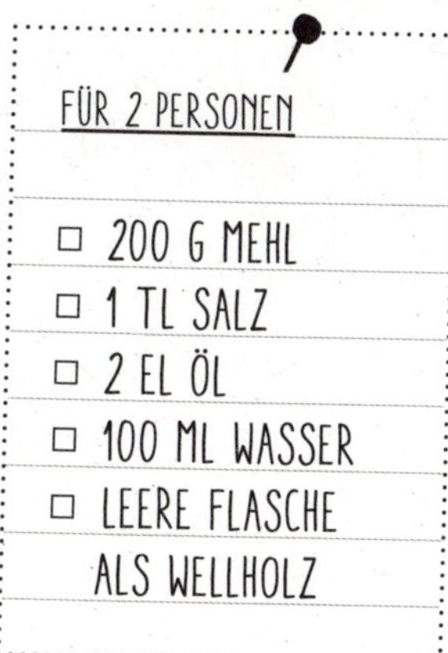

FÜR 2 PERSONEN
☐ 200 G MEHL
☐ 1 TL SALZ
☐ 2 EL ÖL
☐ 100 ML WASSER
☐ LEERE FLASCHE ALS WELLHOLZ

- Das Mehl mit Öl und Salz in einer Schüssel vermengen. Das Wasser nach und nach hinzugeben und einen festen Teig kneten. Diesen ca. 20 Minuten ruhen lassen.
- Den Teig in 4 gleich große Stücke teilen und auf einem bemehlten Untergrund dünn ausrollen. Dafür eignet sich zum Beispiel eine leere Flasche.
- Die dünnen Fladen in einer geölten Pfanne bei mittlerer Hitze beidseitig anbraten und nach Belieben füllen.

MIT WAS ISST DU DEINEN WRAP GERNE?

MEINE LIEBLINGSFÜLLUNGEN:

....

....

....

....

SPÜLMITTEL

Handelsübliche Spülmittel beinhalten meist schwer abbaubare Tenside und umweltschädliche Substanzen. Um unsere Umwelt etwas zu entlasten, können wir aber auch auf einfache Hausmittel zur Reinigung unseres Geschirrs zurückgreifen und ganz leicht aus nur drei Zutaten ein pflanzliches Bio-Spülmittel herstellen. Wegen der ausschließlich natürlichen Bestandteile kann es auch ohne weiteres als Handseife oder für die Körperreinigung benutzt werden.

FÜR 250 ML

- ☐ 1 TL GERIEBENE KERNSEIFE
- ☐ 1 TL NATRON
- ☐ 250 ML WASSER
- ☐ EINE LEERE FLASCHE

OPTIONAL

- ☐ ÄTHERISCHES ÖL, Z. B. ZITRONE, LAVENDEL ETC.

FRESH

So geht's:

- Schneide zunächst die Kernseife klein oder rasple sie mit einer Küchenreibe. So kann sie sich besser auflösen.
- Gib die Seifenflocken in einen Topf mit Wasser und erwärme und rühre das Gemisch, bis sich die Seifenflocken aufgelöst haben. Die Lauge muss nun etwas abkühlen, bevor das Natron untergemischt werden kann.

- Nach ca. 30 Minuten kannst du das Natron und (falls gewünscht) das ätherische Öl dazugeben und gut umrühren, bis sich das Natron aufgelöst hat.
- Zum Schluss das Ganze in das Behältnis füllen – und fertig ist das Spülmittel.
- Es kann etwas dauern, bis es zähflüssiger wird. Wenn du es gerne dicker oder flüssiger hast, kannst du die Konsistenz je nach Mischverhältnis von Wasser und Kernseife bestimmen.

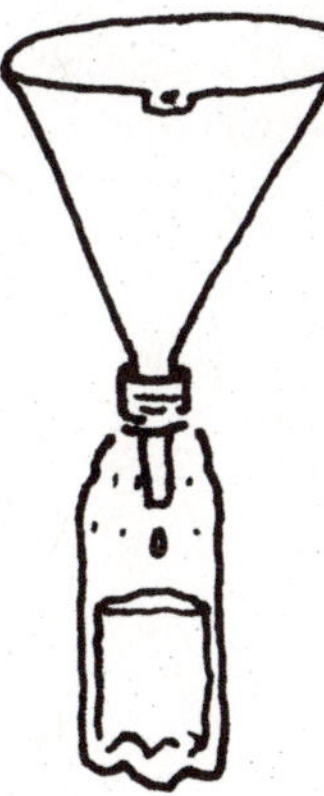

KERNSEIFE
besteht aus milden, pflanzlichen Tensiden, die reinigen und Fett lösen.

NATRON
löst ebenfalls Fett, macht das Wasser weicher und verhindert so Kalkrückstände.

TIPP
RÜHRE DAS NATRON IN DIE NOCH HEISSE LAUGE, SO WIRD ES ZU AGGRESSIVEREM WASCHSODA, UND DU KANNST DAS GEMISCH ALS VOLLWASCHMITTEL FÜR PFLEGELEICHTE WÄSCHE VERWENDEN.

DISCONNECT TO RECONNECT

DIGITALE ENTGIFTUNG

Heutzutage sind wir immer und überall von der digitalen Medienwelt umgeben, was unser Unterbewusstsein unbemerkt beeinflusst, überfordert und uns somit stresst.
Die digitale Entgiftung soll vor allem dabei helfen, einen bewussten Umgang mit diesen Einflüssen zu finden.
Denn sie wirken besonders dann giftig, wenn sie unbemerkt überdosiert werden. Es ist wichtig, sich dessen bewusst zu sein, um eine Balance zu finden.
Im Urlaub, auf Reisen und in der Natur fällt eine Entgiftung leichter. Deshalb nutze diese Zeit als Auszeit vom kontinuierlichen Informationsstrom der digitalen Medien.
Schalte dein Handy einfach mal auf Flugmodus oder ganz ab und gehe hinaus in die Natur. Genieße das wahre Leben! Abseits von Bildschirmen.
Wenn du doch nicht ganz auf den digitalen Austausch verzichten kannst, dann bestimme „Öffnungszeiten" und nimm dir in ihnen bewusst Zeit für Nachrichten, Recherchen und Updates.

Portugals Kultur ist geprägt durch die geografische Lage. Das Land wird im Westen und Süden komplett vom Atlantischen Ozean umschlossen, daher auch der Name, abgeleitet von Porto, dem Hafen. Portugal zählte einst zu den bedeutendsten Seemächten weltweit und spielte eine wichtige Rolle bei Entdeckungen rund um den Globus. Das Land schwelgt in Melancholie, die sich vor allem in der typischen Musik, dem Fado, äußert. In vielen der alten Städte sind noch heute Prachtbauten und Parkanlagen zu bestaunen, was neben der Aussicht auf gutes Wetter viele Touristen in das „Kalifornien Europas" lockt. Auf der Fahrt vom Norden des Landes in den Süden wird die Natur immer karger. Der Norden ist bekannt für seine fruchtbaren Flusstäler und die grüne Vegetation, von dort stammen auch der geschmacksintensive Vinho Verde und der Portwein. Folgt man den Störchen und anderen Zugvögeln gen Süden, wird das Klima trockener. Man passiert Getreide- und Sonnenblumenfelder sowie lange Sandstrände und erreicht schließlich die von Steilküsten und Korkeichen gekennzeichnete Algarve. Dort treffen sich Menschen verschiedenster Nationen, um in der Sonne zu überwintern.

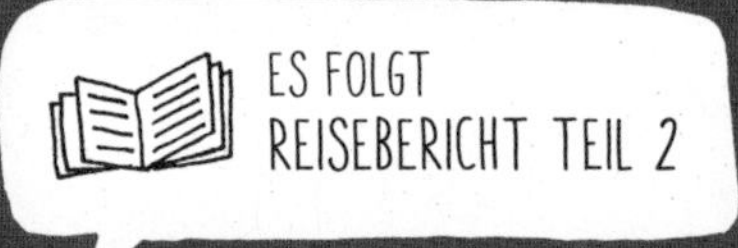
ES FOLGT
REISEBERICHT TEIL 2

PORTUGAL

› Fortsetzung von Seite 037

FREIE FAHRT

Auf Patscho ist nach wie vor Verlass, und so überqueren wir bald schon die Grenze nach Portugal. Egal, wohin wir fahren, Patscho wird überall neugierig, fasziniert und herzhaft lachend begutachtet. Selbst ich muss immer noch schmunzeln, wenn ich nach dem Einkaufen oder Surfen zurück nach Hause komme: Er ist schon wirklich klein. Dadurch und durch seine Form und Farbe entpuppt Patscho sich als echter Icebreaker für meinen Rolling Shop. Er ist der beste Köder, um Kunden für den Verkauf meiner liebevoll selbstgemachten Sachen anzulocken. Viele unterstützen mich mit dem Kauf eines Ponchos oder Accessoires gerne. Das freut mich riesig und ermöglicht es mir, immer weiter zu reisen. Bis ich meine letzten Ponchos an drei ganz besonders liebe Menschen verkaufe: an Alexis, einen Schweizer mit griechisch-britischen Wurzeln, der auf einem halben *Longboard*[1] Haie zähmt, an El Rod, einen Argentinier, der in Wort und Erscheinung Gottes Gestalt annimmt und zuhause in *Mar del Plata*[2] nur flüssiges Silber surft, und an Rory, einen Schotten und Sternekoch, der trotz eisiger Temperaturen Stunden ohne Wetsuit im Wasser verbringt. Um die ungewöhnliche Konstellation vollkommen zu machen, schließe ich mich der Kolonne an. Liebevoll werde ich als „The Wee One" aufgenommen, ein schottischer Ausdruck für „das Kleine, das beschützt werden muss". Und so fühle ich mich auch, geborgen und beschützt von meinen drei Musketieren und liebgewonnenen Freunden. Gemeinsam verbringen wir wunderschöne, sonnige Surftage im Süden Portugals, wo die Wellen gegen Winter immer größer und besser werden.

Der Rhythmus der Gezeiten bestimmt unseren Tag.

Zwischen den Surfeinheiten verwöhnt Rory uns mit seinen Kochkünsten, Rod und Alexis runden das traumhafte Szenario mit ihren Gitarrenklängen ab. Wir haben alles, was wir brauchen, und verbringen Tage und Wochen zufrieden an ein und demselben Strand.

[1] langes Surfbrett [2] Badeort in Argentinien, übersetzt: Silbermeer

Ich habe mein kleinstes Zuhause zum ersten Mal seit Beginn der Reise für mich alleine. So finde ich endlich etwas Ruhe, um mich auf mich zu konzentrieren und tief durchzuatmen. Das lässt meine kreative Ader pulsieren, ich habe die Vision eines Buches, dieses Buches. Der Samen ist gesät und fängt an in meinem Kopf zu keimen. Ich beginne Ideen zu sammeln und Notizen zu machen. Währenddessen beobachte ich Alexis, wie er immer wieder, vertieft in sein Skizzenbuch, die Umgebung studiert. Mit nur wenigen Linien bannt er Alltagssituationen und Gedankenkonstrukte in einer unglaublichen Leichtigkeit auf das vorher leere Blatt. Ich mag seinen Stil und denke mir, dass seine Zeichnungen ja vielleicht eines Tages Teil dieses Buches werden könnten.

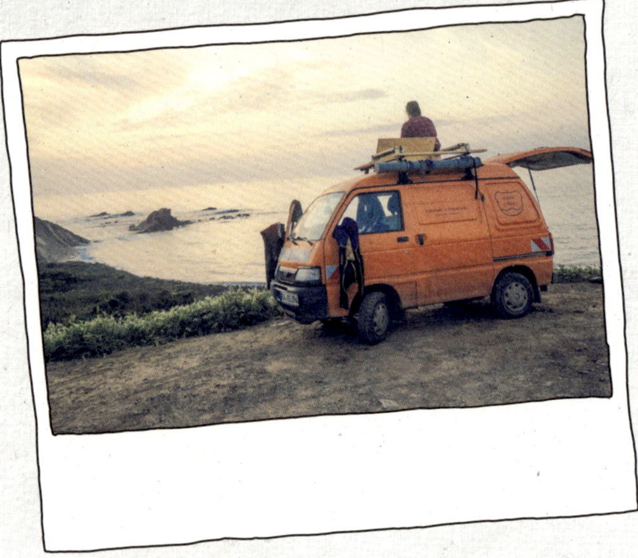

Der Sonne folgend macht sich unsere Karawane auf, um weiter in den Süden zu ziehen, nach Andalusien. Es ist Dezember und Winter in Europa, wovon wir hier jedoch wenig spüren. Lediglich die Nächte werden allmählich kalt und immer länger. Ich liebe Weihnachten und möchte das Fest gerne mit meiner Familie zuhause verbringen. Aber langsam wird es knapp, die 2.500 Kilometer noch entspannt nach Deutschland zu fahren. Und an ein Ende meiner Reise möchte ich auch noch nicht denken. Viel zu sehr genieße ich Sonne, Gesellschaft und andalusische Gelassenheit. Kurzerhand buche ich mir einen Flug für eine kleine Reiseunterbrechung und einen Heimaturlaub über Weihnachten. Schweren Herzens verabschiede ich mich von den drei Musketieren und lasse Patscho alleine zurück.

Ohne genauen Plan, wie lange ich bleiben möchte, steige ich in den Flieger nach Hause. Dort verbringe ich ein paar wunderschöne Tage mit meiner Familie im Winterwonderland im Süden Deutschlands. Auch wenn ich mich alleine auf den Weg gemacht habe, bin ich doch ein geselliges Rudeltier. Und wir sind ein ganz schön großes Rudel, mit fünf Patchworkgeschwistern ist immer einiges los im Haus. Über die Feiertage herrschen Ausgelassenheit und fröhliche

Stimmung, bis mit dem neuen Jahr der Arbeitsalltag zurückkehrt. Außer für mich, ich bin mal hier, mal da. Auf besorgte Fragen, wie es denn nun für mich weitergehen solle, nach meiner Identität also, habe ich keine konkrete Antwort, aber das macht mir nicht mehr so viel Angst. Ich erzähle von meiner Buchidee. Mit einem Master oder einer Festanstellung im Architekturbüro habe ich vorerst abgeschlossen. Für den Moment reizen mich mein Projekt und weitere Reiseabenteuer viel zu sehr.

Nach ein paar Wochen fällt mir zuhause die Decke auf den Kopf, und mit ihr all die unnötigen Dinge, die sich über die Jahre so angesammelt haben. Auf Reisen wird mir mehr und mehr bewusst, wie wenig ich eigentlich wirklich brauche und wie absurd unsere heutige Konsumgesellschaft funktioniert. Im kleinen Patscho fehlt es mir an nichts. So fange ich eines Abends an, mein altes Zimmer komplett auf den Kopf zu stellen und seinen Inhalt in drei Kategorien einzuteilen: verkaufen, verschenken, direkt in die Tonne. Es ist an der Zeit, den alten Ballast loszulassen, um leichter und befreit weiterzureisen.

› *Fortsetzung auf Seite 104*

iT´S THE
little things

MINIMAL MOBIL

NATURWUNDER

SKIZZE

ZAHNPASTA

INGWER-ZITRONEN-SIRUP

TEXTILGARN

KÖRBCHEN

MANDALA

BRIEF

ONE POT

PAPIERHALTERUNG

BODYSCAN

LESS
is more

MINIMAL MOBIL

Auf Reisen im Campervan ist nicht viel Platz für unnötigen Ballast, man ist minimal mobil. Und damit meist sehr glücklich. Die Reduktion auf das Nötigste, nicht nur beim Reisen, befreit von oberflächlichem, materiellem Überfluss und schafft Raum und Zeit für mehr Tiefe und Achtsamkeit bezogen auf das Wesentliche. Weniger haben bedeutet mehr Sein. Mehr bewusstes Sein im Umgang mit sich selbst, mit anderen und mit der Umwelt. Bei all den Verlockungen und Statussymbolen unserer modernen Gesellschaft geht das oft verloren. Mache es dir bewusst, gehe deinen materiellen Besitz durch und prüfe ihn auf seine Notwendigkeit. Was du nicht brauchst oder was dich sogar belastet, lass los! Denn es reist sich leichter und freier mit wenig Gepäck.

BEAUTY IS
OUT THERE,
WILD AND FREE.
go explore!

NATURWUNDER

Ein Spaziergang durch die Natur hat etwas sehr Erfüllendes. Denn die Natur wirkt entspannend, befreiend und stärkend auf unseren Geist und Körper. Nichts ist so echt und rein. Die Natur ist alles, was der Mensch nicht gemacht hat, und deshalb ist sie so unverfälscht natürlich schön.
In ihr liegen Abertausende kleiner Wunder, die sich jedem bei genauem Hinsehen offenbaren. Wir müssen lediglich darauf achten. Das Beobachten der Natur lenkt die Aufmerksamkeit auf den Moment und die Realität und schult somit Achtsamkeit, schärft deine Sinne und verbindet mit der natürlichen Reinheit und Befreitheit.

SKIZZE

Oft zücken wir das Handy oder die Kamera, um eine Situation in einer Aufnahme festzuhalten. Dabei schenken wir dem Motiv und dem Moment häufig gar keine Aufmerksamkeit, sondern sind in Gedanken schon wieder ganz woanders. Beim Zeichnen müssen wir das Motiv hingegen genau betrachten und studieren, um ein möglichst genaues Abbild zu erschaffen. Dies macht uns im gegenwärtigen Moment aufmerksam. Deshalb greif anstatt zur Kamera auch mal für eine Momentaufnahme zum Stift. Mach dir dabei keine Sorgen und Gedanken über die Ästhetik des Bildes, diese liegt schon allein im Zelebrieren des Moments. Richte deinen Fokus einzig und alleine auf ihn.
Wenn du Spaß daran hast, dann fülle ein selbstgemachtes Heftchen ***(vgl. Seite 206)*** mit besonderen Momenten deiner Reise. Das lässt dich diese besser in Erinnerung behalten.

SKIZZIERE HIER
EINEN MOMENT
DEINER REISE.

stay focused!

ZAHNPASTA

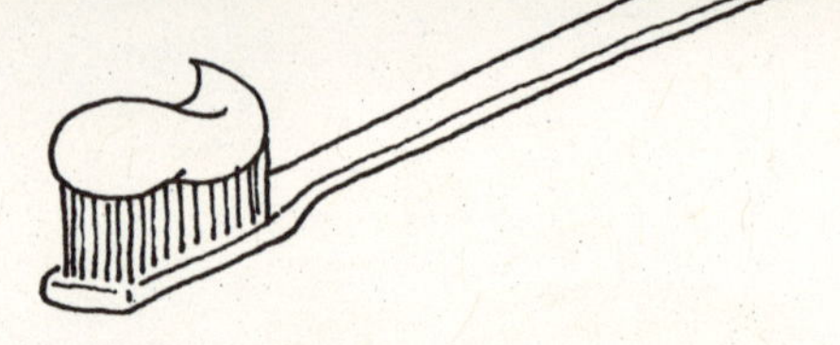

Woraus besteht eigentlich handelsübliche Zahnpasta? Wenn man sich die Liste der Inhaltsstoffe durchliest, fällt einem auf, dass darunter ganz schön viele schädliche Stoffe sind, beispielsweise Aspartam, Fluoride und Mikroplastik. Gerade beim Campen spuckt man die Zahnpasta gerne mal in die Natur. Doch das ist in Anbetracht all der chemischen Substanzen in der Zahncreme genauso umweltschädlich, als würde man eine Plastikverpackung hinterlassen.
Deshalb hier dieses einfache Rezept für eine plastikfreie Zahnpasta-Alternative mit rein natürlichen Inhaltsstoffen. Dabei kannst du dir die Inhaltsstoffe ganz nach deinem Geschmack zusammenstellen.

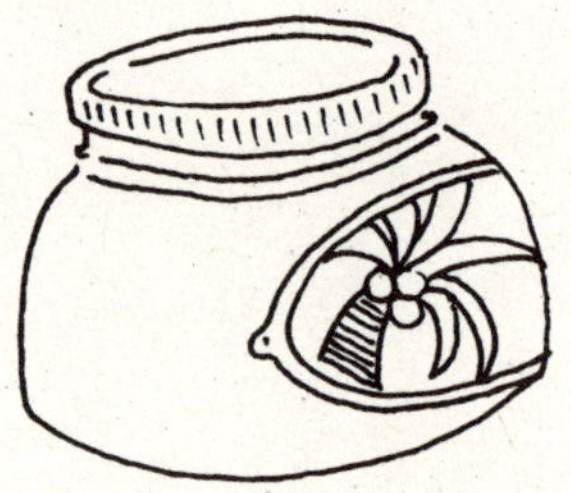

KOKOSÖL

Wirkt antibakteriell, reinigt und schützt mit wertvollen Mineralstoffen und Vitaminen. Das Öl bindet Schadstoffe.

NATRON

Natron wirkt als Schleifstoff und hellt die Zähne auf. Seine Basizität sorgt für einen guten pH-Wert und neutralisiert somit Karies verursachende Säuren und Gerüche.

XYLIT(BIRKENZUCKER)

Birkenzucker schützt die Zähne vor Karies und Zahnstein und dient als Süßstoff für ein besseres Geschmackserlebnis.

ÄTHERTISCHE ÖLE / GEWÜRZE

Sie sorgen für einen besonders angenehmen Geschmack und unterstützen die Wirkung des Natrons und des Kokosöls.

GRUNDREZEPT

- ☐ 4 EL BIO-KOKOSÖL
- ☐ 2 EL FEINES NATRONPULVER
- ☐ STERILES GEFÄSS

GESCHMACKLICHE VERFEINERUNG

- ☐ 1 PRISE XYLIT ODER STEVIA
- ☐ EINIGE TROPFEN ÄTHERISCHES ÖL (Z. B. SALBEI/PFEFFERMINZE/ THYMIAN/KAMILLE)
- ☐ 1 PRISE KURKUMAPULVER ODER ZIMTPULVER

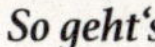

So geht's:

- Das Öl im Wasserbad leicht erwärmen. So lässt es sich gut mit den Zutaten vermengen.
- Das Öl aus dem Wasserbad nehmen und das Natron sowie weitere Wunschzutaten untermischen. Alles zu einer cremigen Masse erkalten lassen, dabei gelegentlich umrühren.
- Die Creme in das sterile Gefäß *(vgl. Seite 176)* füllen. Bei Zimmertemperatur bleibt sie eine Paste, ist es wärmer, wird sie wie reines Kokosöl flüssig. In diesem Fall das Gemisch vor Gebrauch nochmals umrühren.

ACHTUNG!
DIE HALTBARKEIT DER ZAHNPASTA RICHTET SICH NACH DEM HALTBARKEITS-DATUM DES KOKOSÖLS.

TIPP
AUS DEM GRUNDREZEPT MIT ETWAS ÄTHERISCHEM ÖL KANN MAN EINE DEOCREME HERSTELLEN.

ACHTUNG!
DIES IST KEINE KLINISCH GETESTETE CREME. JEDER SOLLTE DIE VERTRÄGLICHKEIT FÜR SICH SELBST ERPROBEN.

INGWER-ZITRONEN-SIRUP

Im Van sind wir Wind und Wetter ausgesetzt. Da holt man sich dann doch mal eine kleine Erkältung. Dieser Sirup ist super zum Aufbau der Immunabwehr. Er stärkt das Immunsystem mit rein natürlichen Inhaltsstoffen. Diese wirken allesamt entzündungshemmend, antibakteriell und bringen viel Eisen, Minerale und Vitamine in den Körper. Trinke täglich einen Powershot pur oder verdünnt mit etwas Wasser. Achtung, der Ingwer macht den Sirup scharf!

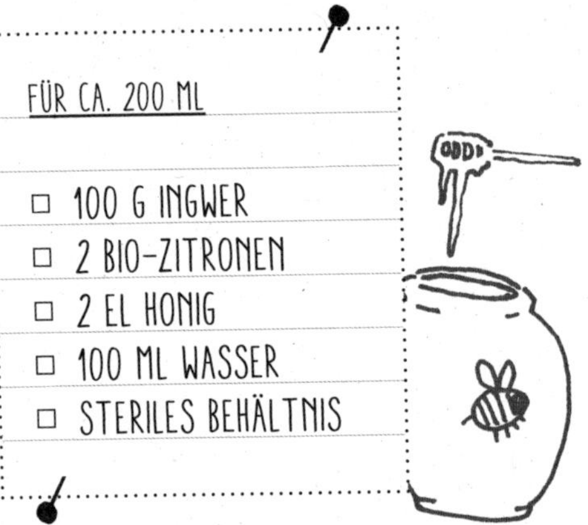

FÜR CA. 200 ML
□ 100 G INGWER
□ 2 BIO-ZITRONEN
□ 2 EL HONIG
□ 100 ML WASSER
□ STERILES BEHÄLTNIS

DESIGNE DIR DEIN EIGENES ETIKETT & KLEBE ES MIT TESAFILM AUF.

So geht's:

- Zunächst den Ingwer und die Zitronen waschen. Ingwer ungeschält in dünne Scheiben schneiden und die Zitronen dünn abschälen.

- Die Ingwerscheiben und Zitronenschale mit 100 ml Wasser ca. 20 Minuten bei niedriger Hitze und geschlossenem Deckel köcheln lassen.

- Dann die Flüssigkeit durch ein Sieb abgießen und ca. 30 Minuten abkühlen lassen.

- Währenddessen die geschälten Zitronen auspressen und den Saft, sobald das Ingwerwasser abgekühlt hat, mit dem Honig hineingeben.

- In ein steriles Gefäß *(vgl. Seite 176)* abfüllen und in ein paar Tagen aufbrauchen.

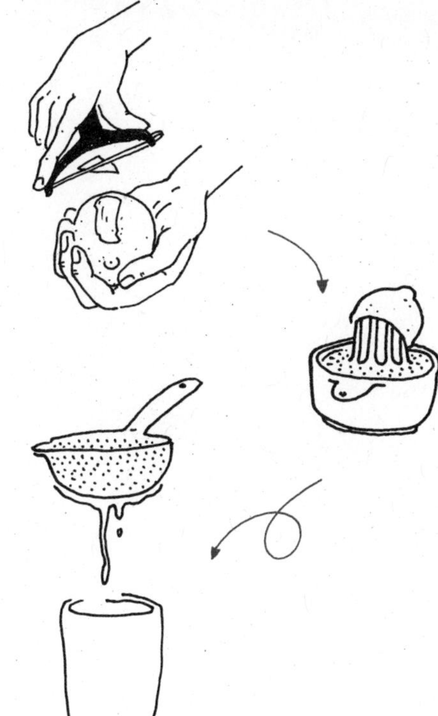

TIPP

WER MÖCHTE, KANN ALS GEWÜRZVARIANTE NOCH ETWAS KURKUMA, FRISCHEN THYMIAN ODER SALBEI MIT IN DAS KOCHENDE WASSER GEBEN.

TEXTILGARN

Textilgarn ist sehr stabil und wird viel im Bereich Heimtextilien eingesetzt. Oft ist es schwierig zu bekommen, deshalb hier eine Anleitung, wie du es ganz einfach selbst aus einem alten T-Shirt herstellen kannst. Alternativ eignet sich auch ein altes Spannbetttuch oder jeder andere Stoff mit einem leichten Stretchanteil. Aus dem fertigen Garn kannst du beispielsweise ein Körbchen ***(vgl. Seite 088)*** **für mehr Gemütlichkeit und Ordnung in deinem Bus machen.**

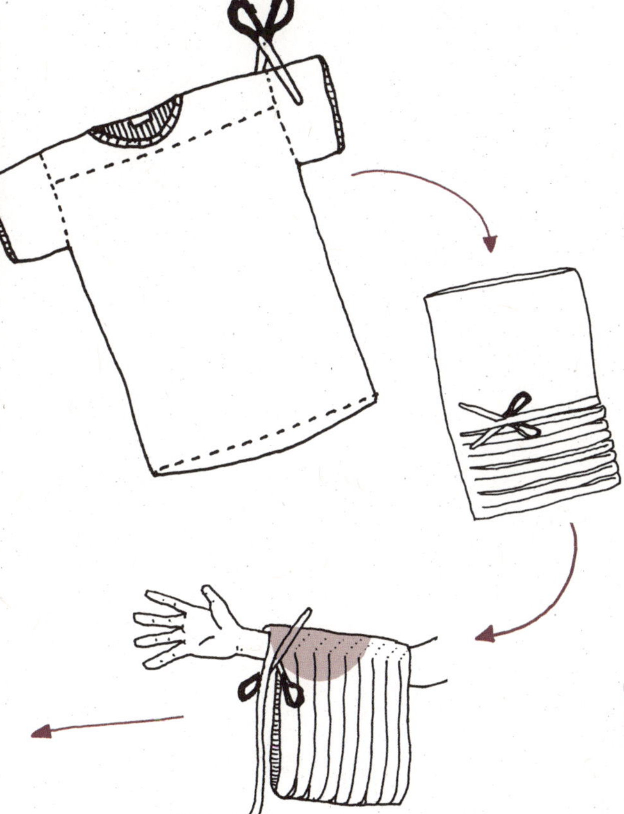

So geht's:

- Für das Garn brauchst du den mittleren Teil des T-Shirts. Dafür schneide den unteren Saum ab, danach den Mittelteil unterhalb der Arme.
- Nun schneide von einer Seitennaht aus ca. 2–3 cm breite Streifen in das Mittelteil und stoppe dabei jeweils 2–3 cm vor der zweiten Seitennaht.
- Lege dann die geschlossene Seitennaht um deinen Arm und zerschneide sie anschließend mit diagonalen Schnitten. So erhältst du ein zusammenhängendes Band.
- Wenn du das Band nun etwas auseinanderziehst, rollen sich die Seiten ein, und du hast ein fertiges Textilband.

KÖRBCHEN

Auf kleinem Raum ist es besonders wichtig, dass jeder Gegenstand seinen Platz hat. Körbchen sind dafür super praktisch und sorgen für Ordnung im Campervan. Mit dieser Anleitung stellst du ganz einfach und schnell dein individuelles Körbchen her. Dafür kannst du sogar ein altes T-Shirt weiterverwerten. Die Körbchen sind sehr pflegeleicht und lassen sich waschen. Sie sind stabil und flexibel zugleich – und außerdem ein stylisches Accessoire in jedem Raum.

FÜR EIN KÖRBCHEN

- ☐ HÄKELNADEL, STÄRKE JE NACH GARNDICKE ZWISCHEN 5 UND 10
- ☐ CA. 100 M TEXTILGARN (GEKAUFT ODER SELBSTGEMACHT)
- ☐ ALTERNATIV: PAKETSCHNUR

ALLE HÄKELBASICS FINDEST DU AUF SEITE 162

FADENRING

Der Fadenring bildet den Beginn für viele rund gehäkelten Teile, da man ihn gut zusammenziehen kann.
Lege den Faden zu einer einfachen Schlinge mit dem Fadenende nach unten. Halte das Fadenkreuz mit Daumen und Zeigefinger zusammen, während du den Arbeitsfaden mit der Häkelnadel durch den Ring ziehst. Durch die entstandene Schlinge holst du den Faden erneut für deine Anfangsmasche. In diesen Ring häkelst du nun so viele Maschen, wie du benötigst, und ziehst den Ring zusammen.

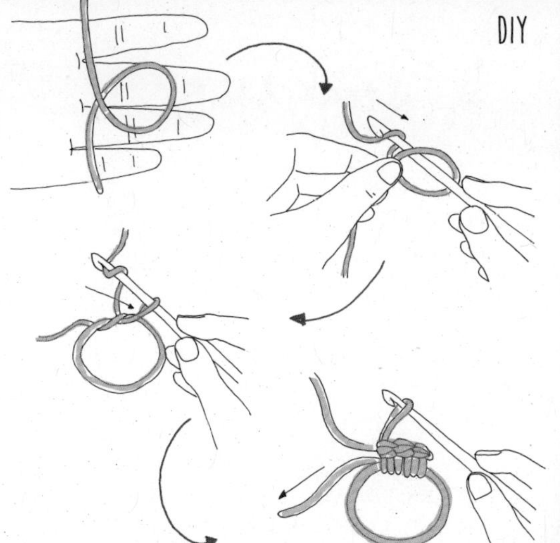

So geht's:

- Bilde einen Fadenring und häkle 6 feste Maschen in den Ring. Für den Übergang der einzelnen Runden machst du zum Abschluss jeder Runde 1 Kettmasche und dann für den Anstieg in die nächste Runde 1 Luftmasche.

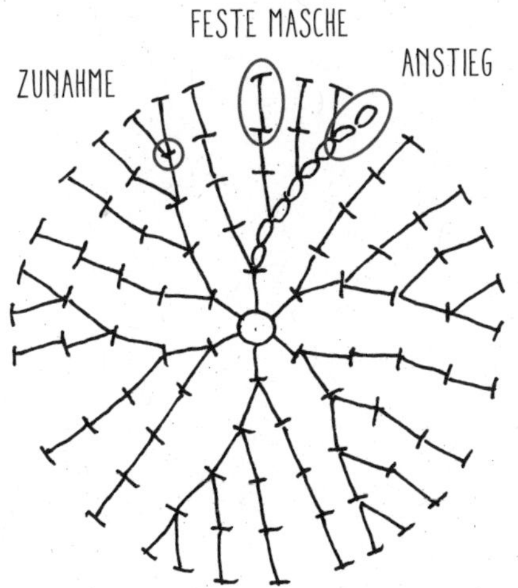

- Für die Zunahme häkelst du in der 2. Runde jede Masche doppelt, in der 3. Runde jede 2. Masche doppelt, in der 4. Runde jede 3. Masche doppelt usw. Somit vergrößert sich jede Runde um 6 Maschen, bis du den gewünschten Bodendurchmesser erreicht hast. Ich häkle meine Körbe gerne mit einem Durchmesser von etwa 20 cm.

- Für die Körbchenwand werden nun keine Maschen mehr zugenommen. Den Übergang vom Boden zur Wand kannst du noch etwas mehr definieren, indem du für die 1. Runde nur in den hinteren Teil der Masche einstichst.

- Die Wand nun so hoch häkeln wie gewünscht, danach das Garn abschneiden und vernähen. Und schon ist dein Körbchen fertig.

MANDALA

Schon als Kind wurde ich vom Mandala in den Bann gezogen. Seine meditative Wirkung beruhigt den Gedankenfluss und verbindet uns mit dem Hier und Jetzt. Die Ruhe und die Konzentration auf eine Sache lassen unsere Kreativität erwachen und mindern Stress. Ein Mandala entzieht uns für diesen Moment der Hektik und dem Leistungsdruck der modernen Welt und des Erwachsenen-Daseins. Deshalb setze deinen Fokus nicht auf das Endergebnis: Es geht um das Malen, um die Zeit mit dir selbst. Egal, wie das Bild am Ende aussehen wird: Nimm dir diese Zeit für dich und versetze dich in das sorgenfreie, glückliche Kind in dir. Du brauchst dafür lediglich ein paar Buntstifte und eine ruhige Umgebung.

MALE DIE KLEINEN PORTUGIESISCHEN KACHELN ALS KLEINE MANDALAS AUS.

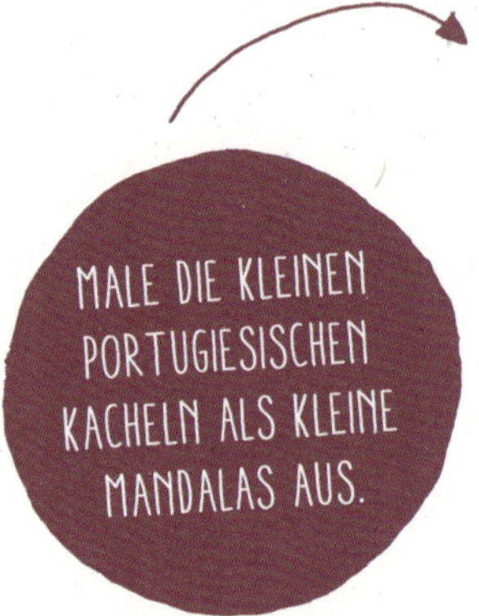

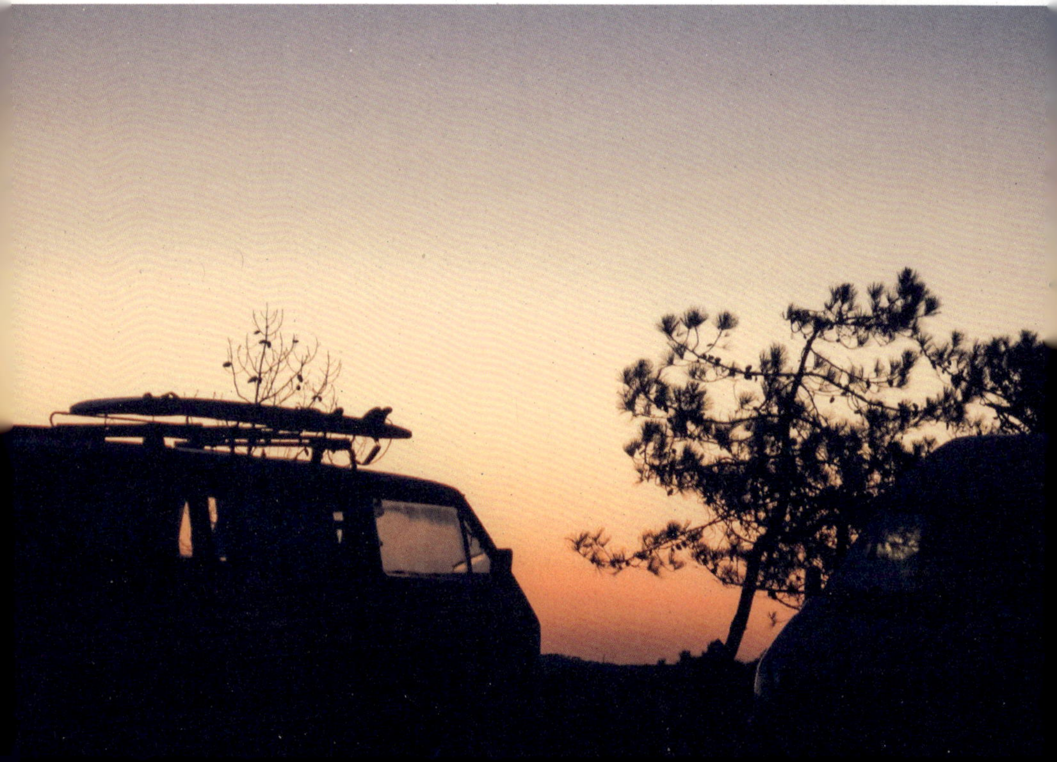

BRIEF

SCHREIBE EINEN BRIEF AN DICH SELBST.

Wir leben in einer Welt unglaublich schnellen Informationsflusses. Zahlreiche Nachrichten strömen täglich über das Handy auf uns ein. Wir befinden uns im ständigen Austausch mit der ganzen Welt. Aber die einzelnen Nachrichten verlieren in der Masse an Ausdruck und Tiefe.
Deshalb nimm dir wieder einmal Zeit für einen richtigen Brief. Einen Brief an dich selbst. Schreibe dir vom Herzen, was dich beschäftigt, bedrückt, erfreut oder enttäuscht. Beschreibe deine gegenwärtige Lebenssituation, dein inneres Befinden oder was du gerne loswerden möchtest.

ONE POT

Abwasch: Adios! Den Abwasch macht wohl niemand gerne, aber wenn alles in einem Topf gekocht wird, gibt es auch weniger abzuwaschen. One-Pot-Rezepte sind optimal für die Campingküche. Einfach und schnell zubereitet können aus nur einem Topf viele verschiedene köstliche Rezepte gezaubert werden. Hier kommen Inspirationen für das nächste Dinner.

KUSSKUSS

So geht's:

- Die Gemüsebrühe im Topf aufkochen, Couscous und etwas Olivenöl hinzufügen und je nach Körnung zwischen 5 und 10 Minuten quellen lassen.

- Gurke, Zwiebel und Tomate schälen. Paprika und Tomate entkernen und in ca. 0,5 cm kleine Würfel schneiden.

- Hacke die Petersilie und die Minze, während der Couscous bei offenem Deckel etwas abkühlt. Rühre ihn mit einer Gabel gut um, so wird er schön fluffig.

- Dann gib alle übrigen Zutaten in den Topf und mixe ein Dressing mit dem Saft der Zitrone, etwas Öl, Kreuzkümmel, Salz und Pfeffer.

FÜR 2 PERSONEN

- ☐ 1/2 TASSE COUSCOUS
- ☐ 2/3 TASSEN GEMÜSEBRÜHE
- ☐ 1 SALATGURKE
- ☐ 1 ZWIEBEL
- ☐ 1 ROTE PAPRIKA
- ☐ 1 TOMATE
- ☐ ETWAS PETERSILIE
- ☐ ETWAS MINZE
- ☐ OLIVENÖL
- ☐ 1 ZITRONE
- ☐ PRISE SALZ & PFEFFER
- ☐ PRISE KREUZKÜMMELPULVER

LINSEN

FÜR 2 HUNGRIGE PERSONEN

- ☐ KOKOSÖL
- ☐ 1 KAROTTE
- ☐ 1 KARTOFFEL
- ☐ 1 SÜSSKARTOFFEL
- ☐ 2 KNOBLAUCHZEHEN
- ☐ 1 ZWIEBEL
- ☐ 2 TASSEN GEMÜSEBRÜHE
- ☐ 100 G ROTE LINSEN
- ☐ 1 TL CURRYPULVER
- ☐ 1/2 TL KURKUMAPULVER
- ☐ 1/2 TL KREUZKÜMMEPULVER
- ☐ 1 PRISE ZIMTPULVER
- ☐ 1 PRISE SALZ & PFEFFER

OPTIONAL

- ☐ CHILLI, LORBEERBLÄTTER, KORIANDER, ZITRONE

So geht's:

- Schäle Karotte und Kartoffeln, schneide sie in ca. 1 cm große Würfel und dünste die gehäutete und geschnittene Zwiebel in etwas Kokosöl im Topf glasig.
- Lösche mit der Gemüsebrühe ab und füge Karotte, Kartoffeln, gehackten Knoblauch, Chili, Lorbeerblätter und Linsen hinzu. Lass alles zusammen bei geschlossenem Deckel ca. 20 Minuten köcheln. Rühre hin und wieder um und füge bei Bedarf noch etwas Wasser hinzu.
- Wenn die Linsen gar sind, gibst du die Gewürze hinzu und lässt alles noch einmal 5 Minuten ziehen.
- Garnieren kannst du das Ganze mit einem Stück frischer Zitrone und gehacktem Koriander.

MIT DIESEN REZEPTEN HAST DU WENIGER ABWASCH.

FIND
BEAUTY
everywhere

PAPIERHALTERUNG

Mit dieser Aufhängung rollt die Papierrolle bei Wind endlich nicht mehr ab oder fällt beim Öffnen des Vans in die nächste Pfütze. Ob Küchen- oder Toilettenpapier: Diese Anleitung kannst du je nach Bedarf anpassen. Ebenso die Optik – wähle die Schnur und das Rohr passend zu deinem Van.

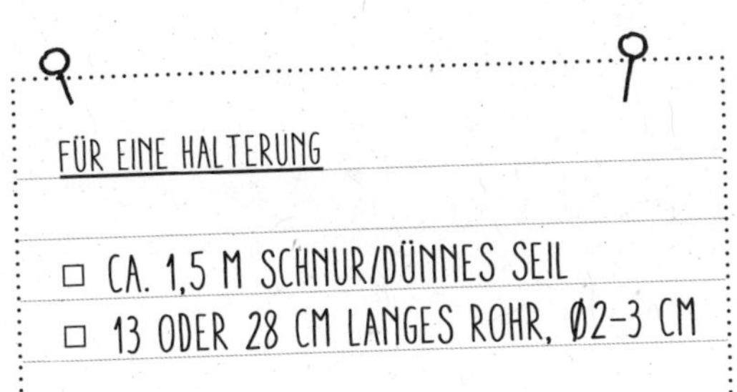

FÜR EINE HALTERUNG
□ CA. 1,5 M SCHNUR/DÜNNES SEIL
□ 13 ODER 28 CM LANGES ROHR, Ø2–3 CM

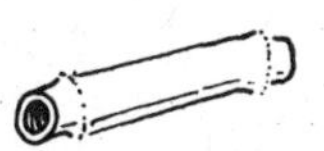

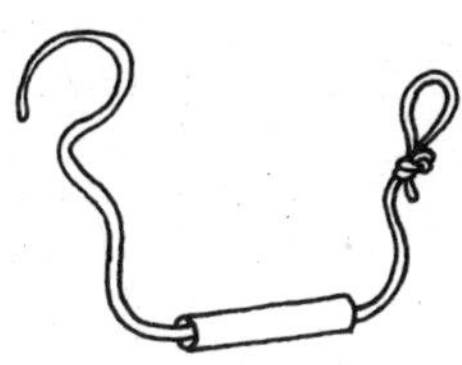

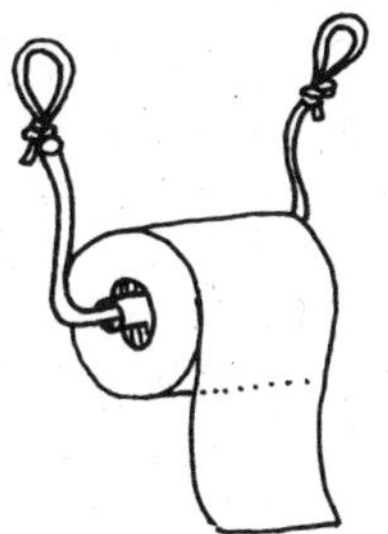

So geht's:

- Suche dir zunächst ein Rohr. Es eignet sich zum Beispiel ein hohler Bambusstab, ein Stück PVC-Rohr oder ein Stück festerer Schlauch. Bestimmt findest du etwas, das du auf diese Weise recyceln kannst. Falls nicht, funktioniert die Aufhängung auch ganz ohne Rohr.

- Nimm die Schnur, ziehe sie durch das Rohr und knote in die beiden Enden eine Schlinge. Jetzt brauchst du das Rohr nur noch mit der Papierrolle zu bestücken – und fertig ist dein neues Accessoire. Wenn du die Schlingen an einem Haken befestigst, kannst du die Papierrolle einfach austauschen, wenn sie leer ist.

BODY, MIND & SOUL

BODYSCAN

Der Bodyscan ist eine Form der Selbsterforschung und schult eine bewusste Selbstwahrnehmung. Das hilft, im Hier und Jetzt anzukommen. Denn der Körper befindet sich, anders als die Gedanken, immer in diesem Moment.
Suche dir für den Bodyscan einen ruhigen Ort und nimm eine bequeme Position ein. Beginne dann, deinen Körper innerlich in Gedanken, Gefühlen und Empfindungen abzuscannen. Dabei versuche wie bei allen Achtsamkeitsübungen diese Wahrnehmungen nicht zu bewerten, sondern sie einfach zu beobachten. Fokussiere dich von der Scheitelkrone absteigend auf all deine Körperteile und Empfindungen bis in die Zehenspitzen. Nimm Bereiche der Verspannungen war und gib ihnen Raum, sich zu entspannen. Erlaube ablenkenden Gedanken, zu kommen und zu gehen.
Verbinde dich mit deinem Inneren und erforsche den Zusammenhang von Körper Geist und Seele.

Spanien ist ein flächenmäßig sehr großes Land mit 17 autonomen Regionen. Auf der Suche nach Wellen habe ich mich vor allem in den nördlichen Küstenregionen und im sonnenreichen Süden Andalusiens aufgehalten.

Im Norden führen verschiedene Wanderwege entlang der Küste oder durchs bergige Hinterland von Pamplona bis an das Ziel des Jakobweges nach Santiago de Compostela. Auf dieser Strecke befinden sich zahlreiche christliche Bauten aus der Romanik und in späteren Baustilen. Tapasbars säumen die engen und lebendigen Gassen der Dörfer und laden zu Spezialitäten wie Tortilla, intensiv schmeckendem Blauschimmelkäse und Sangria ein. Ist man nicht gerade zur Zeit der Siesta unterwegs, trifft man überall auf redselige Spanier. Im Gegensatz zum regenreichen kälteren Norden ist Andalusien im Süden der wärmste Teil des spanischen Festlandes. Mit durchschnittlich 320 Sonnentagen im Jahr lockt es viele Touristen in diese Region, die von Atlantik und Mittelmeer umschlungen und nur 14 Kilometer von Afrika entfernt ist. Daher rührt auch der maurische Einfluss in den Architekturdenkmälern der andalusischen Prachtstädte wie beispielsweise Sevilla und Cordoba. Bei einem Glas heimischem Sherry und Manchegokäse kann man in einer der vielen Bodegas den traditioneller Flamenco, eine untrennbare Kombination aus Tanz und Gesang, erleben. Andalusien ist ein Paradies für Outdooraktivisten. Im hügeligen Hinterland gibt es wunderschöne Kletter- und Wanderrouten, in der Sierra Nevada sogar ein Skigebiet.

ES FOLGT
REISEBERICHT TEIL 3

SPANIEN

› *Fortsetzung von Seite 073*

PARKBUCHT

Der Januar geht dahin. Es ist kalt und ungemütlich draußen, ich will Patscho nicht länger warten lassen, also fliege ich zusammen mit meiner besten Freundin Kati sowie bepackt mit Nähmaschine und Schmuckwerkstatt zurück ins sonnenverwöhnte Andalusien. Mit dem stets fröhlich brummenden Patscho fahren wir dann zu zweit durch die endlosen Weiten der sonnigen Region und bestaunen deren prächtige Städte, weiße Bergdörfer und die wunderschöne Natur. Von Tarifa aus sind es nur knapp 15 Kilometer bis nach Afrika. Sehnsüchtig blicke ich übers Meer nach Marokko, so gerne würde ich den Kleinen mit aufs Boot nehmen und übersetzen. Doch eine Angst hält mich zurück, sie basiert auf Schauergeschichten über die Stellung der Frau in dem muslimischen Land. Mittlerweile strohblond, sollte ich dort auf keinen Fall alleine im Van unterwegs sein, heißt es.
Ich entscheide mich also vorerst dafür, mit Patscho in Spanien zu bleiben, um für meinen Rolling Shop zu produzieren. Das Schicksal meint es gut mit mir, als ich in einem kleinen Küstenörtchen auf die zwei herzlichen deutschen Surfer Daniel und Nils treffe, die mich mit ihren witzigen Parolen und Sprüchen bestens unterhalten und bei sich aufnehmen. Sie wohnen in einem kleinen gemütlichen Holzhäuschen mit großem Garten und überdachter Veranda. Darunter darf ich parkieren, habe Strom und warmes Wasser. Wir leben für die nächsten Wochen in einer kreativen Wohngemeinschaft, wo jeder an seinem eigenen kleinen Herzensprojekt arbeitet und wir uns gegenseitig austauschen und inspirieren. Wir verbringen Tag und Nacht mit Nähen, Betongießen und Holzarbeiten. Nur bei gutem Surf werden die Arbeiten für ein paar Stündchen unterbrochen, ansonsten produziere ich wie am Fließband Nachschub für meinen fahrenden Verkaufsladen.
Ich bin froh, Unterschlupf zu haben, denn ungewöhnlicherweise wird die Region zu dieser Zeit von einem Sturm nach dem anderen heimgesucht, sodass wir bald schon Gefahr laufen, auf den unasphaltierten Straßen im Matschbad zu

versinken. Immerhin versinke ich nicht in meinem eigenen inneren Loch. Ich merke, wie gut es tut, zwischendurch eine Basis zu haben. Mit einem Dach über dem Kopf, festem Arbeitsplatz und bekanntem Umfeld. Hier passt gerade einfach alles zusammen, ich habe Freunde, es gibt Wellen, Berge, Städte mit Kultur und internationalen Flughäfen, sodass mich auch meine Familie jederzeit besuchen kann. Wie gerade meine Mama, die wie ich ganz hin und weg von Andalusiens Schönheit und Vielfältigkeit ist. Hier könnte ich mir vorstellen zu leben. Ich beginne mich mit dem Gedanken an das Sich-Niederlassen zu beschäftigen, um das innere Loch mit einem festen Zuhause zu versiegeln. Doch ist das schon das Ziel auf der Suche nach der inneren Zufriedenheit?
Das Zuhause als physischer Ort? Oder ist es nicht vielmehr das damit verbundene vertraute Gefühl?! Ich fühle mich an vielen Orten geborgen, aber doch bleibe ich auf der Suche nach dem Ursprung dieses Gefühls. Nach dem Zuhause im tiefen Glück.

Nur im Winter kommt ausreichend *Swell*[1] am südlichsten Zipfel Spaniens an. Ab Ostern lassen die Wellen nach, und Dutzende feierwütiger Touristen tauchen plötzlich in der sonst so verlassenen Gegend auf.
Zeit für mich, dem Ruf der Wellen weiter nachzujagen und mein Zuhause auf Zeit gegen das auf Rädern einzutauschen, um dem Zuhause im Glück näher zu kommen. Patscho bringt mich zurück an die Westküste Portugals, er ist vollgepackt bis obenhin mit den fertigen bunten Surfponchos, mit Schmuck, Nähmaschine und neu gebauter Dachterrasse.
Langsam ziehe ich von Strand zu Strand zurück gen Norden und stürze mich tiefer in mein neues Projekt, dieses Buch. Ich formuliere meine Idee und schicke sie euphorisch an einen mir passend erscheinenden Verlag. Nach etwas Wartezeit werde ich um ein Telefonat gebeten, in dem mir mitgeteilt wird, dass die Idee gut sei und Potenzial habe, für den Moment aber zu persönlich, zu waghalsig und zu kostenintensiv für diesen Verlag erscheine. Sie sei aber an sich ein Diamant, der Gefahr laufen könnte, übersehen zu werden.

[1] *übersetzt Dünung: Wellen, die bereits aus ihrem Entstehungsgebiet herausgelaufen sind.*

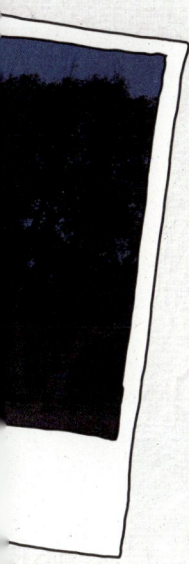

Eine Absage also mit aufmunterndem „Wir bleiben in Kontakt". Ich gerade in einem Café im Nirgendwo am Ende der Welt mit gerade so viel Internetempfang, um eine Sprachverbindung ins Ausland zu halten. Platzen hier gerade ein Traum und meine Zukunftsvisionen?

Sicher nicht! Die Assoziation mit einem Diamanten bestärkt mich. Ein Diamant muss erst geschliffen werden, um zu glitzern. Genau das werde ich tun, ihn schleifen, bis er funkelt und nicht mehr übersehen werden kann. Vielleicht ist die Zeit noch nicht reif, vielleicht bin ich noch nicht bereit.

Ich sehe die Absage nicht als Niederlage, sondern als Herausforderung und gebe dem Ganzen und mir mehr Zeit, um zu reifen und unterdessen zu tanzen. Das Leben und seine Schönheit zu feiern, im Wasser bei Mondschein. Der Vollmond steht am Nachthimmel, die Wellen sind seit Tagen perfekt für das lange Surfbrett, klein und endlos laufend. So schnappen Jana, eine Reisebekanntschaft, und ich uns am späten Abend unsere Bretter und paddeln mit Warnwesten bei aufgehendem Mond in die Fluten. Es folgen Momente des puren Glücks. Wir tanzen auf den Wellen durch die Nacht im funkelnden Licht des Mondscheins. Mit nur wenig Sicht verlassen wir uns ganz auf unsere Intuition und werden eins mit dem Rhythmus der Wellen, der Natur und der Realität. Tage und Wochen zehre ich von diesem Moment unglaublicher Reinheit und dem Gefühl, frei von allen Sorgen dieser Welt zu sein.

Mit der Zeit weicht meine anfängliche Scham, den Verkaufsstand aufzubauen, langsam einer Routine mit zunehmender Selbstsicherheit. Was mich ins Gespräch mit vielen anderen Reisenden bringt. So auch eines Tages mit Matthieu, einem unglaublich charmanten, attraktiven, geradezu surfverrückten Franzosen. An einem meiner Lieblingsstrände in Galizien erobert er im Sturm mein Herz. Und das im wahrsten Sinne des Wortes, denn hier stürmt es zur Zeit ziemlich viel. Doch mit seinem Lachen lässt er die Sonne aufgehen und wärmt mich von innen. Wir verbringen Tage gemeinsam in den leeren Wellen, und ich suche Zuflucht vor Wind und Wetter in seinem Arm und in seinem etwas größeren Campervan.

RW XO 394

Beide sind wir Freigeister, manche würden uns als Individualisten bezeichnen. Jeder verfolgt und verwirklicht seine eigenen Träume, und doch kreuzen sich unsere Vorstellungen und Wege immer wieder. So legen wir fortan einige Streckenabschnitte nach Norden gemeinsam zurück. Matthieu wird zu einem Teil meiner Reise und schenkt mir Geborgenheit, das Gefühl von einem Zuhause, losgelöst von Raum und Zeit. Ich kann mich fallen lassen und durchatmen, Vergangenheit und Zukunft sein lassen und mich dem Hier und Jetzt, ihm, hingeben. Wie die Delfine vor der zerklüfteten Küste der Bretagne lassen wir uns vom Leben und dessen Strom mitreißen und schwimmen freudig springend in seinem Strudel. Alles ist unkompliziert und leicht – bis sich die Illusion im Hochsommer auflöst und sich unsere Wege für einige Zeit trennen. Mat muss zurück zu seiner Arbeit, ich folge weiterhin dem Ruf der Wellen, Abenteuer und Glückseligkeit gen Norden. Wir verabreden uns für Oktober in Irland. Davor geht es für mich nach Großbritannien. Cornwall soll bezaubernd sein, und eine gute Freundin, Amelia, erwartet in Wales schon seit fünf Jahren meinen Besuch. So verzögert sich meine Heimreise nach Deutschland weiter, und ich nehme endlich doch den kleinen Patscho mit aufs Meer, das ich so sehr liebe. Bei einem wunderschönen Sonnenuntergang kommen wir in Plymouth an. Lächelnd genieße ich meinen letzten Kouign-amann, ein bretonisches Buttergebäck, und blicke zurück auf Frankreich, Matthieu und eine unglaublich schöne, ausgelassene und erfüllende Zeit.

› *Fortsetzung auf Seite 146*

take time for
HAPPINESS

HAFER-BANANEN-PANCAKE
MAKRAMEE
ALLEINSEIN
TORTILLA
MINDMAP
VERGÄNGLICHKEIT
GEDANKENKARUSSELL
KORKENSCHACH
UN-HAPPY
PAELLA DE VERDURA
KARTOFFELDRUCK
ZEIT

MINIMAL
KEEP

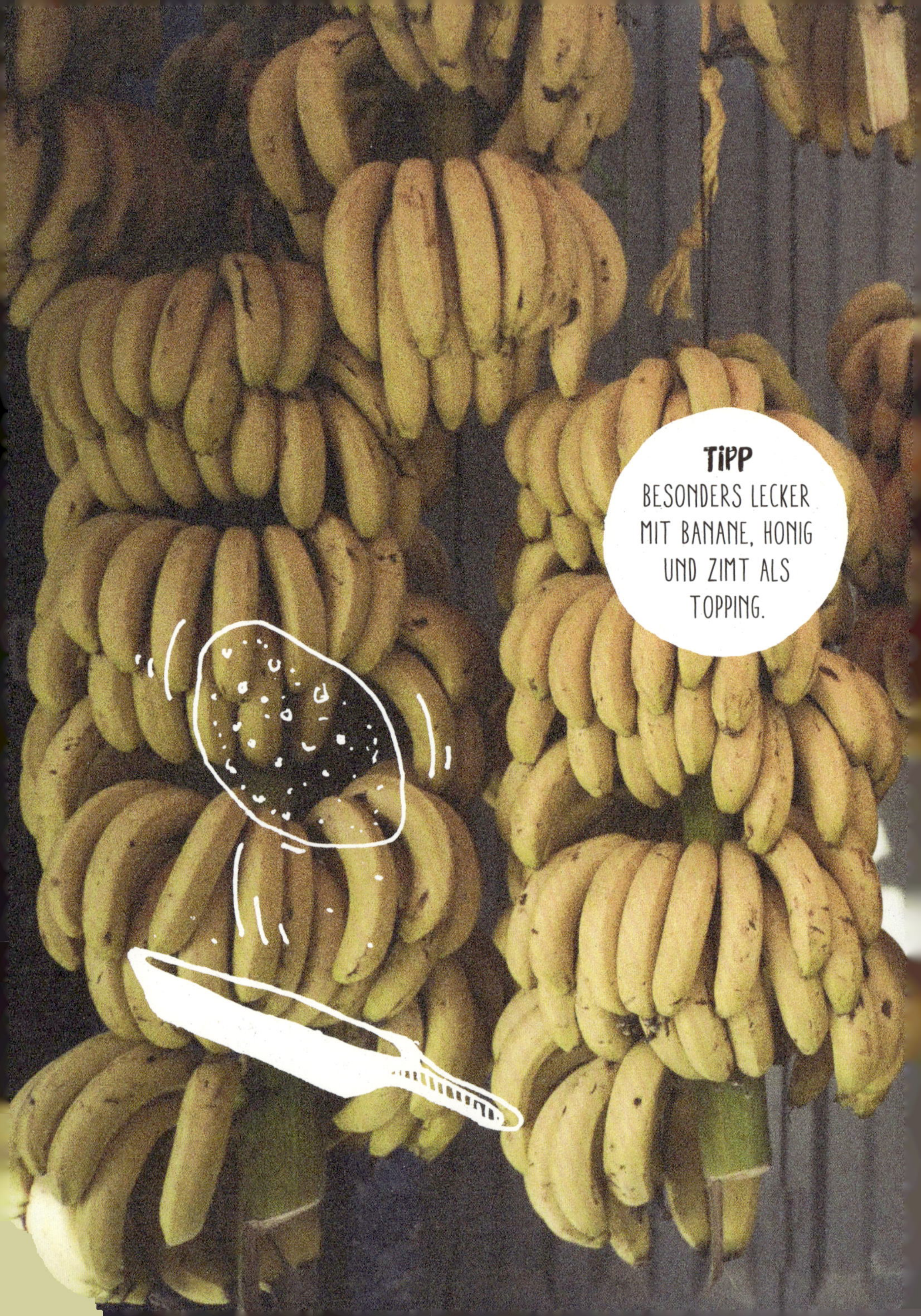
TIPP
BESONDERS LECKER
MIT BANANE, HONIG
UND ZIMT ALS
TOPPING.

HAFER-BANANEN-PANCAKE

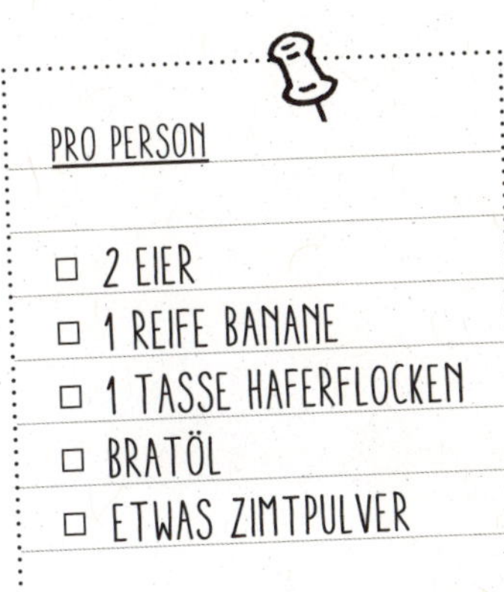

PRO PERSON
☐ 2 EIER
☐ 1 REIFE BANANE
☐ 1 TASSE HAFERFLOCKEN
☐ BRATÖL
☐ ETWAS ZIMTPULVER

**Auf Reisen im Campervan fällt das Frühstück meist sehr einfach aus.
Mit diesen leckeren Hafer-Bananen-Pancakes bringst du etwas Abwechslung in deine Frühstücksroutine. Und das mit ganz wenigen und einfachen Zutaten.**

So geht's

- Zerdrücke die Banane in einer Schüssel mit einer Gabel und vermenge sie dann mit den Eiern, Zimt und den Haferflocken.
- Lasse die Haferflocken ca. 5 Minuten weichen und vermische alles noch einmal. So werden die Pancakes schön fluffig.
- Die Masse reicht für 4 Pancakes. Brate diese jeweils beidseitig für ca. 3–4 Minuten bei mittlerer Hitze.

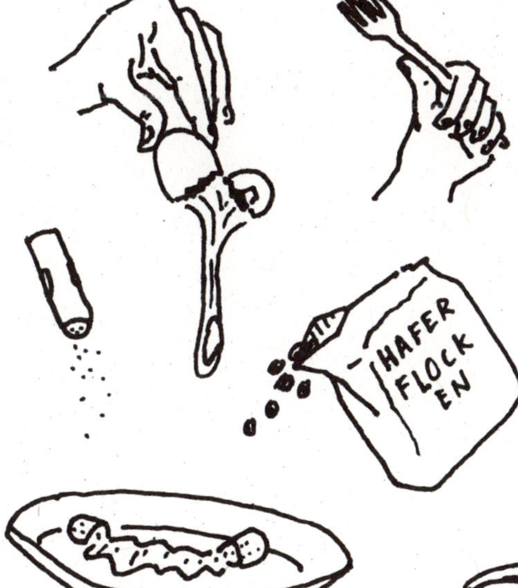

MAKRAMEE

Makramee ist eine Knüpftechnik, die aus dem Orient über Spanien zu uns kam. Mit ihr werden durch verschiedene Knoten Ornamente, Textilien und Schmuck angefertigt. Auch für den Camper lassen sich mit dieser Technik praktische, zu 100 Prozent biologisch abbaubare Aufbewahrungs- und Schmuckstücke herstellen. Und das ganz einfach und auch für Ungeübte kinderleicht.

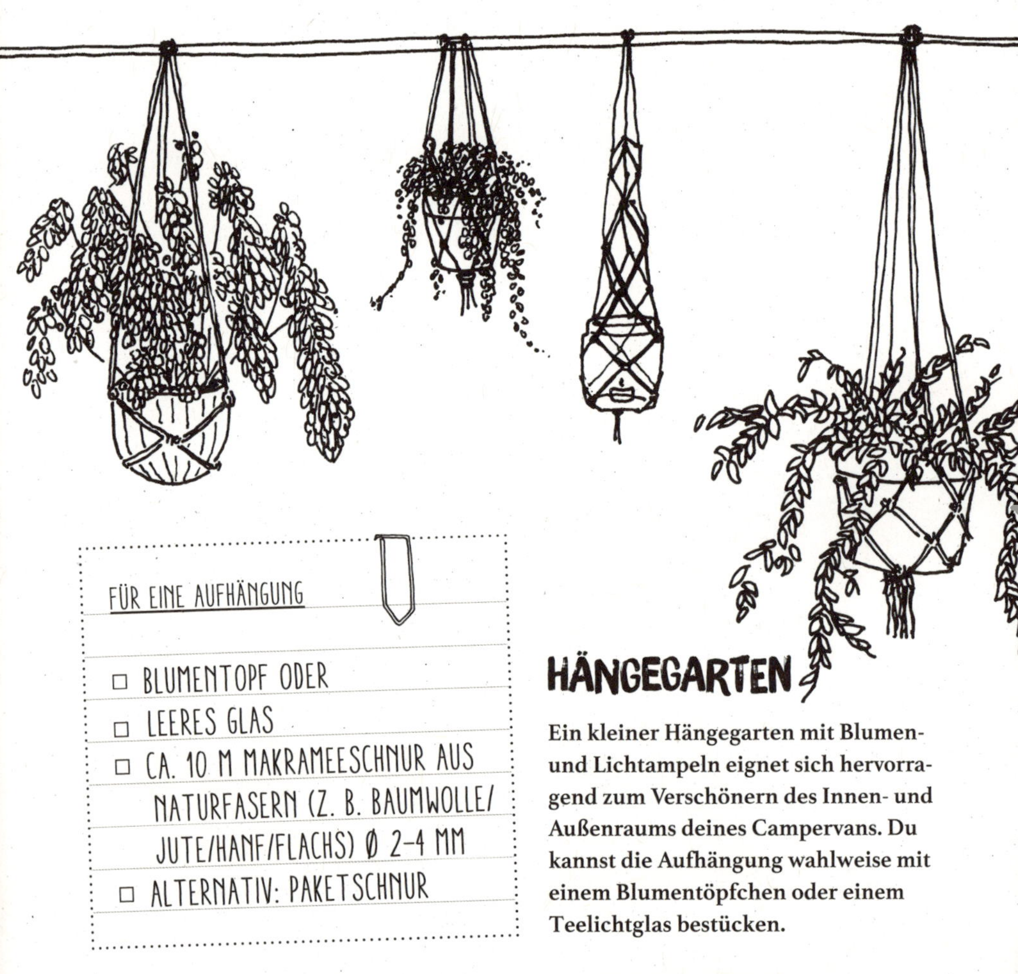

FÜR EINE AUFHÄNGUNG

- ☐ BLUMENTOPF ODER
- ☐ LEERES GLAS
- ☐ CA. 10 M MAKRAMEESCHNUR AUS NATURFASERN (Z. B. BAUMWOLLE/JUTE/HANF/FLACHS) Ø 2–4 MM
- ☐ ALTERNATIV: PAKETSCHNUR

HÄNGEGARTEN

Ein kleiner Hängegarten mit Blumen- und Lichtampeln eignet sich hervorragend zum Verschönern des Innen- und Außenraums deines Campervans. Du kannst die Aufhängung wahlweise mit einem Blumentöpfchen oder einem Teelichtglas bestücken.

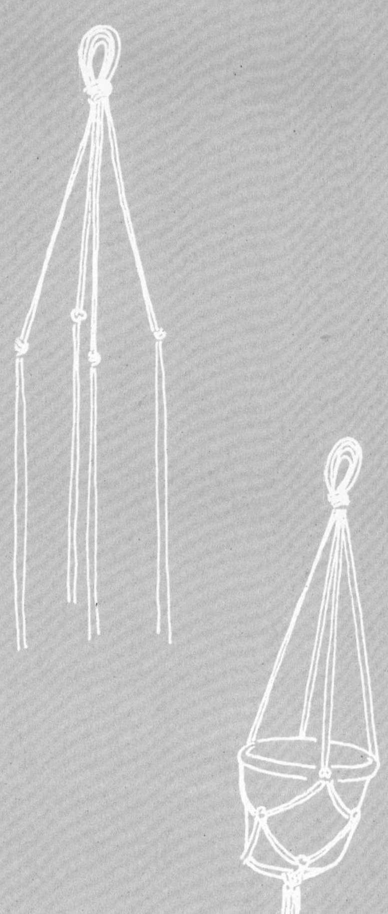

So geht's:

- Schneide 4 x 2,5 m lange Schnüre ab. Je nach Größe des Glases/Topfes kannst du die Anzahl der Schnüre variieren. Knicke sie alle zusammen einmal in der Mitte. Etwas unterhalb der entstanden Schlaufe fixierst du die Schnüre jetzt mit einem einfachen Überhandknoten. Mache die Schlaufe zum Knüpfen irgendwo fest.
- Für das Netz verknotest du ca. 30–50 cm unterhalb der Aufhängung jeweils 2 benachbarte Schnüre miteinander, sodass du 4 Knoten erhältst. Für die 2. Reihe (ca. 4–8 cm tiefer) knotest du jeweils 2 Schnüre der benachbarten Knoten zusammen, damit eine Netzstruktur entsteht.
- Überprüfe zwischendurch, ob das Gefäß, das du aufhängen möchtest, hineinpasst. Je nach seiner Größe knüpfst du weitere Reihen.
- Für den Abschluss verknotest du erneut alle 8 Schnüre mit einem großen Überhandknoten und schneidest die Enden auf eine Länge ab.

TIPP
DU KANNST AUCH PERLEN IN DAS NETZ EINARBEITEN.

ACHTUNG!
BEI DER LICHTAMPEL MUSST DU DARAUF ACHTEN, DASS DIE SCHNUR NICHT ZU NAHE AN DER FLAMME IST!

MAKRAMEE

TRAGETASCHE

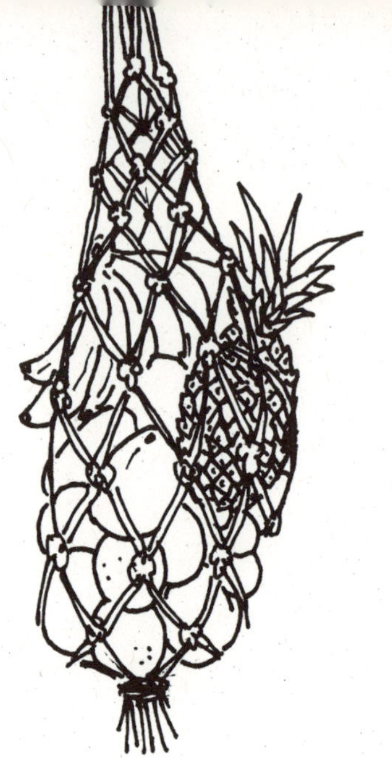

Ein selbstgeknüpftes Makrameenetz ist ein toller Begleiter für die Reisen im Van. Darin können beispielsweise Obst und Gemüse ästhetisch verstaut werden und gleichzeitig kann es als Einkaufstasche für den Markt genutzt werden.

So geht's:

- Zunächst schneidest du dir 17 Schnüre von je 2 m Länge zu. Einen dieser Abschnitte nimmst du nun, knickst ihn in der Mitte und klemmst oder knotest die beiden Enden zusammen irgendwo fest, sodass die Schnüre gespannt sind und du daran knüpfen kannst.
- Nimm die 16 verbleibenden Schnüre und befestige sie jeweils als lockere Schlaufe an den 2 gespannten Trägerschnüren.
- Für die 1. Reihe knüpfst du nun jeweils 2 der benachbarten Schnüre von Nr. 2–15 auf der gleichen Höhe mit einem einfachen Knoten zusammen. In Schnur Nr. 1 machst du einen einzelnen lockeren Knoten. Schnur Nr. 16 lässt du bei dem Knüpfvorgang zunächst komplett aus. Die Knoten sollten nicht zu weit auseinander liegen, damit beim Einkaufen alles in der Tasche bleibt (Vorschlag: ca. 3–4 cm).

FÜR EINE TRAGETASCHE

- ☐ 34 M MAKRAMEE SCHNUR AUS NATURFASERN Ø 3–4 MM (Z. B. BAUMWOLLE/JUTE/HANF/FLACHS)

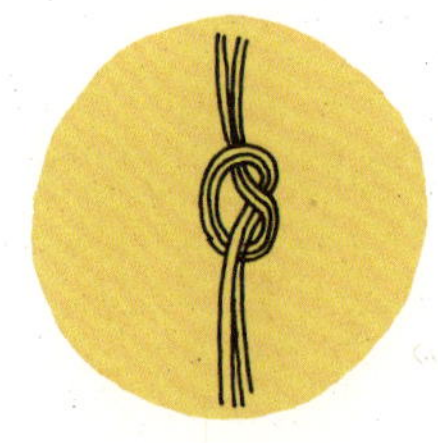

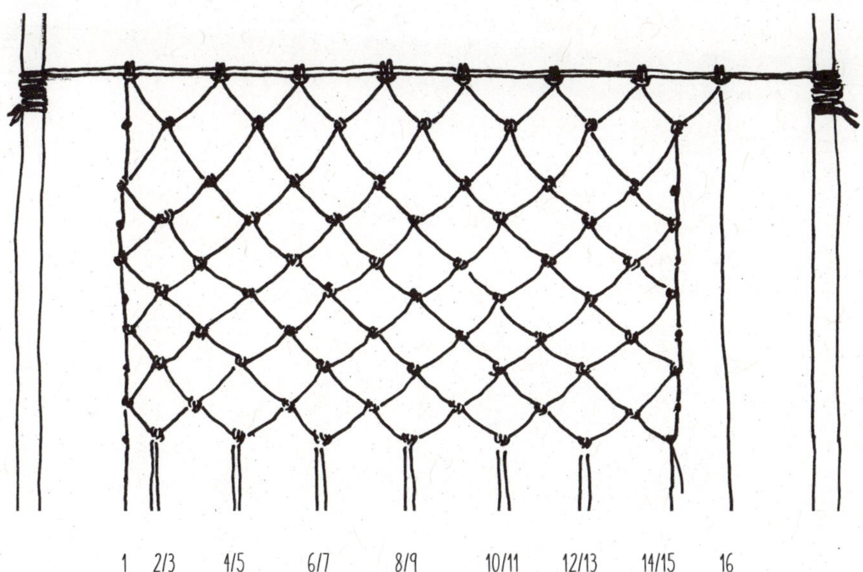

• Auf diese Art knotest du nun ca. 8 Reihen weiter, sodass ein Netz entsteht. Dabei bekommen Schnur Nr. 1 und Nr. 15 abwechselnd einen einzelnen lockeren Knoten wie in der Zeichnung, bis dir die Tasche lange genug ist.

• Nun nimmst du die Trägerfaden aus der Spannvorrichtung und knotest die Enden mit einem Überhandknoten zusammen. Das Netzt schließt du, indem du Schnur Nr. 16 abwechselnd mit den einzelnen Knoten von Schnur Nr.1 und Nr. 15 verknotest.

• Unten angekommen, bindest du mit einem Stück Schnur alle Arbeitsfäden zusammen, indem du sie umwickelst und verknotest. Fertig ist die Tasche für den nächsten Markteinkauf.

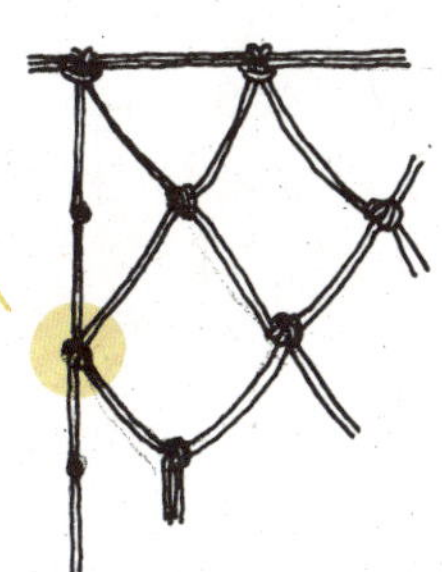

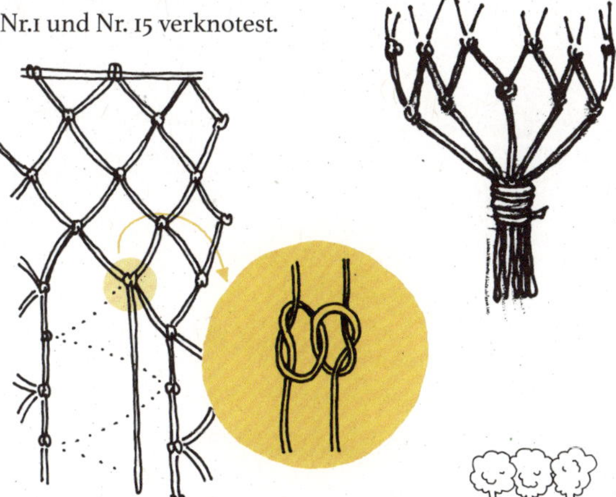

NIMM DIR BEWUSST
ZEIT FÜR DICH UND
DEINE BEDÜRFNISSE.

ALLEINSEIN

Allein wird oft mit einsam verwechselt, doch darin liegt ein grundlegender Unterschied. Während Alleinsein ein Zustand ist, bedeutet Einsamkeit ein tiefes Gefühl von Verlassenheit und kann sich selbst inmitten großer Menschenmassen einstellen, da es eine tiefe Leere in uns selbst widerspiegelt. Das Alleinsein hingegen bietet eine entspannende Pause aus dem Informations- und Kommunikationsfluss der Gesellschaft, es kann als Chance für Achtsamkeit in der Selbstzuwendung gesehen werden. Denn diese spielt eine ganz wichtige Rolle auf dem Weg zur inneren Zufriedenheit, die wir nur in unserem eigenen Herzen finden. Nur wenn wir uns bei uns selbst geborgen und zuhause fühlen, können wir die Leere in uns, das Gefühl von Einsamkeit, überwinden und unser Leben erfüllt genießen.

TORTILLA

Die Tortilla wird als Nationalgericht der Spanier bezeichnet und ist ein Omelett aus Eiern, Kartoffeln und Zwiebeln. Sie ist in jeder Tapasbar zuhause und aus einem Spanienurlaub nicht wegzudenken. Mit nur wenigen Zutaten ist sie ganz einfach selbst gemacht und eignet sich super für einen gemütlichen Tapasabend unter Camperfreunden.

FÜR EINE MITTELGROSSE PFANNE

- ☐ 1 GROSSE ZWIEBEL
- ☐ 1 KNOBLAUCHZEHE
- ☐ 4 MITTELGROSSE KARTOFFELN
- ☐ 4 EIER
- ☐ PRISE SALZ & PFEFFER
- ☐ BRATÖL

CAN I FLIP IT

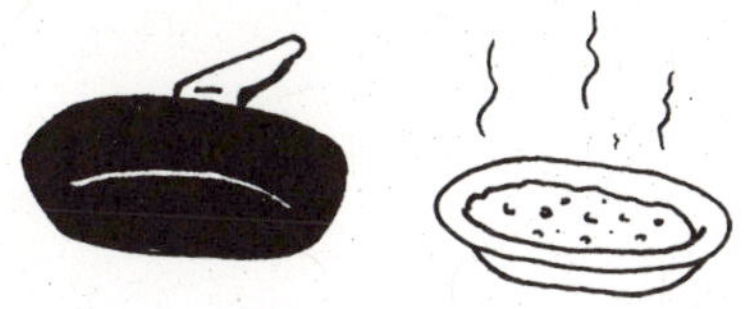

YES YOU CAN

So geht's:

- Schäle die Kartoffeln und schneide sie in ca. 1 cm große Würfel. Diese werden dann in reichlich Öl bei mittlerer Temperatur für ca. 10 Minuten in der Pfanne gebraten.
- Zwiebeln und Knoblauch schälen, klein schneiden und zu den Kartoffeln geben. Zusammen weitere 10 Minuten braten. Alles kurz abkühlen lassen und salzen.
- Die Eier in einer Schüssel aufschlagen und mit Salz, Pfeffer und den Kartoffeln vermischen.
- Weitere 2–3 EL Öl in der Pfanne stark erhitzen und die Tortillamasse hineingeben. Ca. 3 Minuten anbraten, bis sie leicht gebräunt ist. Dann mithilfe eines Tellers wenden und die andere Seite ebenfalls ca. 3 Minuten braten. Schneiden lässt sich die Tortilla am besten, wenn sie schon etwas abgekühlt und durchgezogen ist.
- Serviervorschlag: Schmeckt lecker zu Baguette, frischen Tomaten und Oliven.

TIPP

FÜR MEHR ABWECHSLUNG KANNST DU DEM GRUNDREZEPT IN SCHRITT 1 GEMÜSE DEINER WAHL BEIFÜGEN.

MiNDMAP

Was macht dich eigentlich wirklich glücklich?
Was erfüllt dich mit tiefster Daseinsfreude, seelischer Verbundenheit und Lebenslust, unabhängig von äußeren Einflüssen und Erwartungshaltungen? Suche in deinem Inneren nach diesen Quellen und notiere sie hier. Mache sie dir in Momenten der Niedergeschlagenheit oder Ziellosigkeit bewusst und wähle einen Sonnenstrahl zur Aufmunterung. Lass Licht und Sonne in dein Leben. Diese Mindmap soll dir helfen, deine Aufmerksamkeit auf die positiven Dinge in deinem Leben zu richten. Unser Gehirn funktioniert wie ein Navi: Wenn du es auf Glückseligkeit programmierst, wird es dich auch in diese Richtung führen.

BRINGE DIE SONNE MIT DINGEN DIE DICH GLÜCKLICH MACHEN, ZUM STRAHLEN.

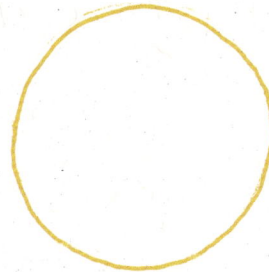

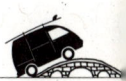

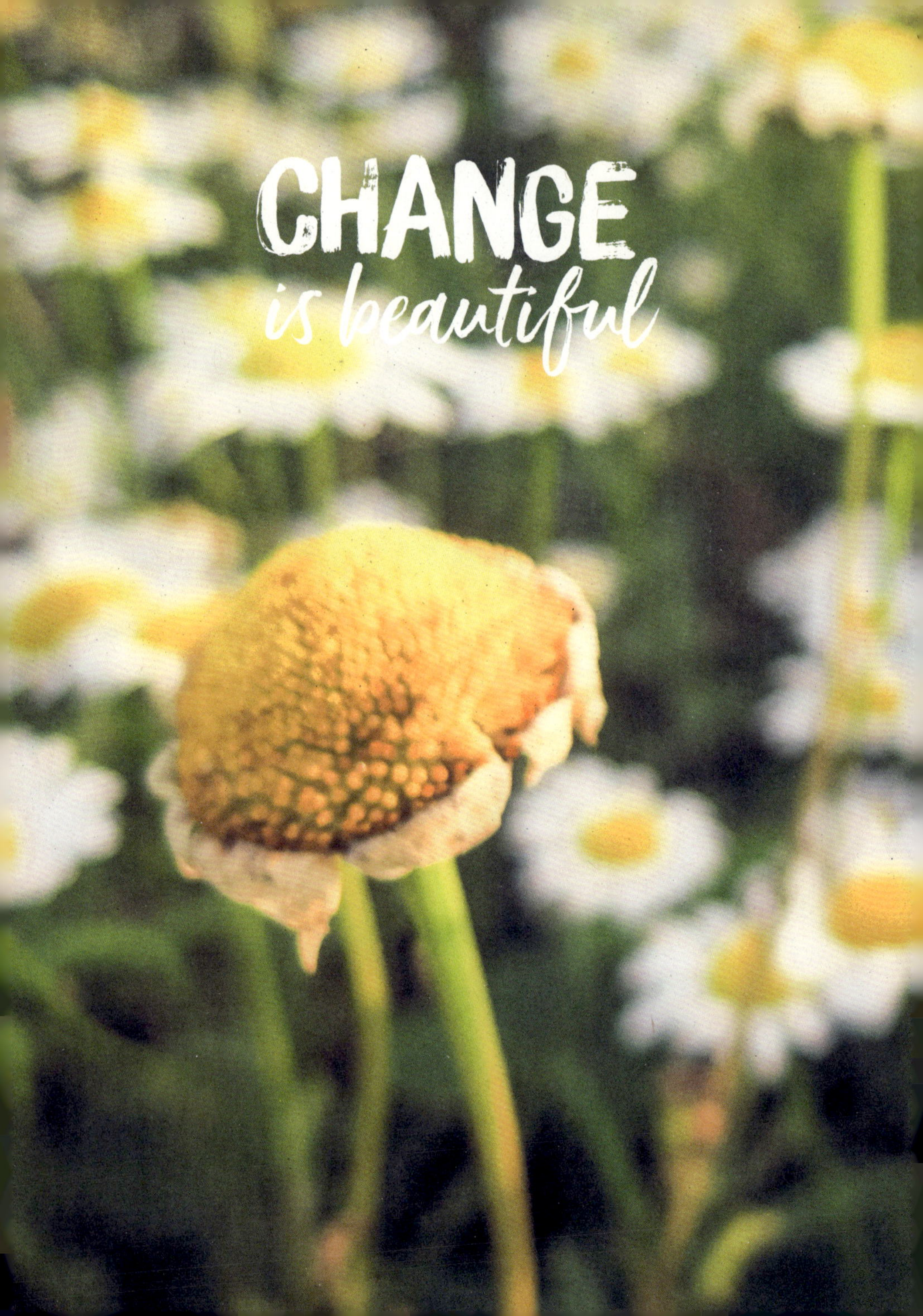
CHANGE
is beautiful

VERGÄNGLICHKEIT

Alles befindet sich in ständiger Veränderung: um uns, in uns, überall. Das Leben ist vergänglich. Für viele klingt das traurig. Aber eigentlich ist es doch etwas Schönes. Die Vergänglichkeit unterstreicht die Besonderheit und Schönheit des Seins, der Lebenszeit zwischen Geburt und Tod. Die Vergänglichkeit macht das Leben und jeden einzelnen Moment darin einzigartig und wertvoll. Denn genau diesen Moment wird es so nie wieder geben. Was zählt, ist einzig und allein dieser Augenblick. Es gilt ihn zu leben, anstatt ihn mit Warten, Sorgen und Zweifeln zu füllen. Verschiebe nicht alles auf einen unbestimmten Moment in der Zukunft. Du weißt nie, was die Zukunft bringt, das Leben ist unberechenbar. Was kommt, geht auch wieder. Wenn wir uns die Vergänglichkeit immer wieder bewusst machen, spüren wir das Wunder der Lebendigkeit umso mehr.

YOU ARE
NOT YOUR
thoughts

GEDANKEN-KARUSSELL

Tausende Gedanken gehen einem Menschen pro Tag durch den Kopf, davon ist nur ein Bruchteil weiterführend und fokussiert. Viele Gedanken drehen sich um Mangel und Verlangen im Kreis, lenken uns ab und produzieren Kummer und Sorgen. Lass dich nicht von ihnen beherrschen, indem du dich damit identifizierst. Beobachte sie und höre ihnen zu, aber sei dir darüber bewusst, dass sie dich oft nur ablenken von dem wirklich Wichtigen: dem Leben im Moment. Wenn es dir hilft, schaffe etwas Platz und Klarheit in deinem Kopf, indem du deine Gedanken niederschreibst. Allein das bringt oft schon die Einsicht, dass sie irreführend und falsch sind. Nicht du.

VERSCHAFFE DIR PLATZ IM KOPF UND SCHREIBE DIR WIEDERKEHRENDE GEDANKEN VON DER SEELE.

KORKENSCHACH

Der Süden Portugals ist Heimat von unzähligen Korkeichen. Dieses Material wird sehr vielseitig eingesetzt und eignet sich hervorragend für DIY-Projekte. Aus den Korken von Weinflaschen lassen sich beispielsweise Spielfiguren für Gesellschaftsspiele basteln. Wer unterwegs also mal wieder Lust auf eine Runde Schach hat, kann sich dieses Spiel ganz einfach selbst bauen.

FÜR DIE SCHACHFIGUREN

- ☐ 4 FLASCHENKORKEN
- ☐ TOPF MIT HEISSEM WASSER
- ☐ CUTTERMESSER
- ☐ WASSERFESTER STIFT

TIPP

DU KANNST DIR NATÜRLICH AUCH ANDERE BRETTSPIELE (Z. B.MÜHLE/ DAME/BACKGAMMON) IM GLEICHEN STIL BASTELN.

So geht's:

- Koche die Korken ca. 10 Minuten in Wasser, damit sie beim Durchschneiden nicht bröseln.
- Nimm die Korken aus dem Wasser und schneide sie mit dem Cuttermesser jeweils in 8 dünne Scheiben.
- Lasse die Scheiben nun etwas trocknen und bemale sie dann. Nutze dazu die folgende Inspiration als Vorlage oder entwerfe eigene Spielfiguren. Den Unterschied zwischen schwarzen und weißen Spielfiguren kannst du beispielsweise als Negativ kennzeichnen.

SCHACHFELD AUF DER NÄCHSTEN SEITE

sometimes
YOU WIN

sometimes YOU LEARN

UN-HAPPY

Wie alles im Leben unterliegt auch das Glück der Polarität. So liegt der Gegensatz dazu im Unglück. Das eine wäre ohne das andere nicht fassbar, und nur gemeinsam bilden die Pole eine Ganzheit. Wären wir nie unglücklich, wüssten wir nicht unser Glück zu schätzen. Die Kunst liegt darin, anzunehmen, was kommt, und sich der Polarität bewusst zu sein. Wenn es einmal bergab geht, geht es danach auch wieder bergauf.

Mache dir dies in Momenten der Trauer, Verzweiflung, Angst und des Ärgers bewusst. Sie gehören genauso zur Ganzheit wie Glücksmomente und Freudentränen. Manche Geschehnisse in deinem Leben kannst du nicht bestimmen, den Umgang damit aber schon. Verdränge sie nicht, versuche sie anzunehmen. Aus vermeidlichen Schicksalsschlägen wachsen oft die größten Erkenntnisse. Dann nämlich, wenn Leiden in Bewusstheit umgewandelt wird.

:) YOu): DECIDE

PAELLA DE VERDURA

Eine Paella ist ein Reisgericht – und ebenfalls ein Nationalgericht der Spanier. Es wird gerne vor der Siesta zum Mittagessen serviert. Paella kommt ursprünglich (wie auch der Paellareis) aus der Gegend von Valencia, wird aber mittlerweile in verschiedenen Regionen mit lokalen Köstlichkeiten variiert. Hier eine einfache, aber sehr leckere vegetarische Variante für die Campingküche.

BUEN PROVECHO !

TIPP
DIESES REZEPT GELINGT BESONDERS GUT AUF DEM LAGERFEUER. HIER BEKOMMT DIE PAELLA NOCH EINEN ETWAS RAUCHIGEN GESCHMACK.

FÜR 4 PORTIONEN

- ☐ 1 ZWIEBEL
- ☐ 2 KNOBLAUCHZEHEN
- ☐ 1 TOMATE
- ☐ 1 KAROTTE
- ☐ 1 KARTOFFEL
- ☐ 1 ROTE PAPRIKA
- ☐ 1 HANDVOLL ERBSENSCHOTEN
- ☐ 1 TASSE PAELLAREIS ODER LANGKORNREIS
- ☐ 2,5 TASSEN GEMÜSEBRÜHE
- ☐ OLIVENÖL
- ☐ 1 PRISE SALZ & PFEFFER
- ☐ 1 TL PAPRIKAGEWÜRZ GERÄUCHERT
- ☐ 1 PRISE SAFRAN ODER PAELLAGEWÜRZ
- ☐ 1 ZITRONE

• Schneide die geschälten Zwiebeln in kleine Stücke und brate sie in einer Paellapfanne oder in einer normalen Pfanne in etwas Öl glasig.

• Hacke den geschälten Knoblauch und reibe die Tomate mit einer feinen Küchenreibe, die Schale wird nicht mehr benötigt. Löse die Erbsen aus den Schoten und schneide die geschälte Karotte und die geschälte Kartoffel in kleine, etwa 1 cm große Würfel. Die Paprika wird von den Kernen befreit und in dünne Streifen geschnitten.

• Gib nun den Knoblauch, das Gemüse und die Tomate zu den Zwiebeln und brate alles zusammen für ca. 10 Minuten in der Pfanne.

• Die Gemüsebrühe währenddessen mit heißem Wasser anrühren und nach dem Paellareis in die Pfanne geben. Alles zusammen mit den Gewürzen umrühren und aufkochen lassen, dann bei mittlerer Hitze ca. 15 Minuten ohne Deckel und ohne Rühren köcheln lassen. Es darf dabei ruhig eine leichte Kruste am Boden entstehen.

• Alles bei geschlossenem Deckel ca. 10 Minuten ruhen und ziehen lassen.
Zum Servieren noch etwas frisch ausgepresste Zitrone darüber geben.

THULE

KARTOFFELDRUCK

Kartoffeldruck kennt jeder noch aus seiner Kindheit, er ist eine Drucktechnik, die mit wenig Aufwand schöne Ergebnisse garantiert. Es kann dabei auf Papier, Stoff oder anderem Untergrund gedruckt werden, hier beispielsweise auf einem Jutebeutel. Mit seiner Hilfe kann beim Einkauf auf Plastiktüten verzichtet werden. Die Drucktechnik kannst du aber genauso gut zum Bedrucken von Postkarten, Kissen, Geschenkpapier oder anderem anwenden.

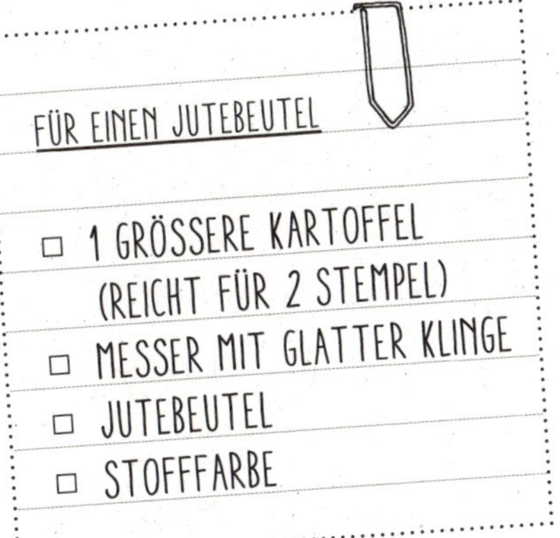

FÜR EINEN JUTEBEUTEL
☐ 1 GRÖSSERE KARTOFFEL (REICHT FÜR 2 STEMPEL)
☐ MESSER MIT GLATTER KLINGE
☐ JUTEBEUTEL
☐ STOFFFARBE

- Überlege dir zunächst, wie du deine Tasche gerne gestalten möchtest. Zeichne dir die Motive für die Stempel am besten auf einem Papier vor. Für den Anfang eignen sich geometrische Formen oder andere einfache Muster.

- Halbiere jetzt die Kartoffel und lege das ausgeschnittene Motiv auf die glatte Schnittfläche der Kartoffel, um es anzuzeichnen. Dann schnitzt du die Kartoffel entlang der Kontur der Zeichnung zurecht. Dabei bleibt die Fläche, die später abgedruckt wird, stehen. Alle anderen Flächen werden ca. 0,5 cm tief weggeschnitten.

- Jetzt kannst du mit dem Druck beginnen. Dafür schiebe die Unterlage in die Tasche und achte darauf, dass der zu bedruckende Stoff glatt darauf liegt. Dann bestreiche die Stempelfläche gleichmäßig mit Farbe und stemple nach Lust und Laune. Der Stempel kann abgewaschen und danach mit einer anderen Farbe weiterbenutzt werden.

TIME
IS NOW

ZEIT

Stets auf der Überholspur in einer Welt voller Hektik, Lärm, rasendem Fortschritt und Leistungsdruck haben wir keine Zeit. Wir haben vielleicht eine Uhr, aber keine Zeit für Familie, Freunde, Partner, Hobbies, Hilfe, Ruhe, geschweige denn für Erholung im Alltag und in uns selbst. Das denken wir zumindest. Doch Zeit hat eigentlich jeder. Man muss sie sich nur nehmen. Nimm dir auf Reisen und im Alltag Zeit, Auszeit von all dem Druck und Stress von außen. Besinne dich auf deine eigenen Bedürfnisse. Dies hilft auch, auf lange Sicht im Alltag mehr Achtsamkeit auf die wirklich wichtigen Dinge zu richten und schafft Kreativität für die Gestaltung und Entfaltung des eigenen Lebens.

Mit der Fähre erreicht man vom europäischen Festland aus den größten Inselstaat Europas: Großbritannien. Hier habe ich mit Patscho bislang nur Wales und den Südwesten Englands erkundet. Bereits bei der Ankunft in Plymouth verspürt man Majestät. Dieses königliche Gefühl steigert sich beim weiteren Erkunden der Insel. Man erlebt auf Schritt und Tritt den historischen Reichtum des Landes mit seinen alten Burgen, Schlössern und Herrenhäusern, die umgeben sind von riesigen Parkanlagen, den typischen Englischen Gärten. Auf der Landzunge der Grafschaft Cornwall befinden sich Moorgebiete neben perfekten Sandstränden, Ruinen und süßen Hafendörfchen, in denen das typisch englische „Fish & Chips" frisch zubereitet wird. Bei einem nicht allzu seltenen plötzlichen Regenschauer flüchtet man sich am besten auf einen Cream Tea oder ein Pale in einen der zahlreichen Pubs.

In Bristol, dem Tor zu Wales, gibt es davon eine ganze Menge. Die Stadt lädt mit ihrem lebhaften kulturellen Zentrum im ehemaligen Hafengebiet zu Streifzügen ein, ehe man sich auf die lange Überfahrt über den Bristolkanal nach Wales begibt. Dieser Teil von Großbritannien ist bekannt für seine wunderschöne, wilde Natur. Dementsprechend sind auch die Menschen hier sehr naturverbunden und verbringen trotz des häufigen Regens viel Zeit im Freien, zum Beispiel beim Surfen oder Klippenspringen an der zerklüfteten Küste oder beim Wandern in den bergigen Nationalparks. Im Snowdoniapark kann man den höchsten Berg des Landes erklimmen. Der Gipfel ermöglicht eine gigantische Aussicht über die grüne, mit Seen durchsetzte Weite.

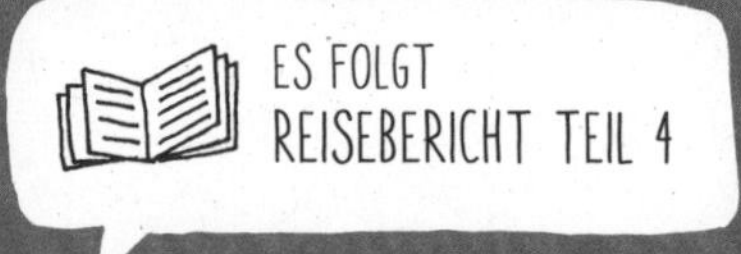
ES FOLGT
REISEBERICHT TEIL 4

GROSSBRITANNIEN

› Fortsetzung von Seite 109

LINKSVERKEHR

Am nächsten Morgen weckt mich ein mindestens genauso schöner Sonnenaufgang und leitet ein neues Kapitel ein. Ein Kapitel mit Linksverkehr, engen Gassen, *Cream tea*[1] und äußerst wechselhaftem Wetter. Wogegen ich mich mit Gummistiefeln, Regenjacke, Schirm und Regenhose ausstatte.

Ich bin bereit für unbekannte Gewässer.

Ein Teil meiner Familie kommt mich besuchen. Mit meinem Vater, seiner Lebenspartnerin, meiner Schwester und ihrem Freund erkunden wir die kulturellen Schätze und die atemberaubende Natur Cornwalls. Während meine Familie sich einige Kratzer am Mietauto holt, passt Patscho mühelos durch die engen, von Brombeerhecken gesäumten Straßen. Ich bin froh, Freunde und Familie zu haben, die mich egal wo auf meiner Reise begleiten, unterstützen und bestärken. Vor allem mein Vater hat mich gelehrt, auf meine Intuition zu hören und mit Vertrauen neue Wege zu gehen. Denn macht man sich erst einmal auf, entsteht der Weg von ganz alleine. Ich schätze mich glücklich, mit ihm als Vorbild aufgewachsen zu sein: einem Mann unglaublicher Tiefe und Weisheit, immer mit den richtigen Worten und Ratschlägen zur Stelle. Weitblick und Urvertrauen machen ihn zu einem grandiosen Architekten, Mediator – und zu dem wohl besten Vater. Schon als meine zwei Schwestern und ich noch ganz klein waren, hat er uns den nötigen Freiraum für unsere persönliche Entfaltung und für die Verwirklichung unserer Träume gegeben. So hilft er mir auch jetzt im Umgang mit meinem inneren Loch. Während ich noch auf der Suche nach einer Erfüllung im Außen herumirre, verweist er auf die Lösung, die in meinem Inneren liegt.

Mit diesem Rat verlässt mich meine Familie wieder, und ich werde abrupt aus einem Tagtraum gerissen, als Amelia mir leicht panisch „leeeeeft" ins rechte Ohr schreit. Gerade noch rechtzeitig weiche ich einem entgegenkommenden Auto aus. Für einen Moment habe ich den Linksverkehr vergessen.

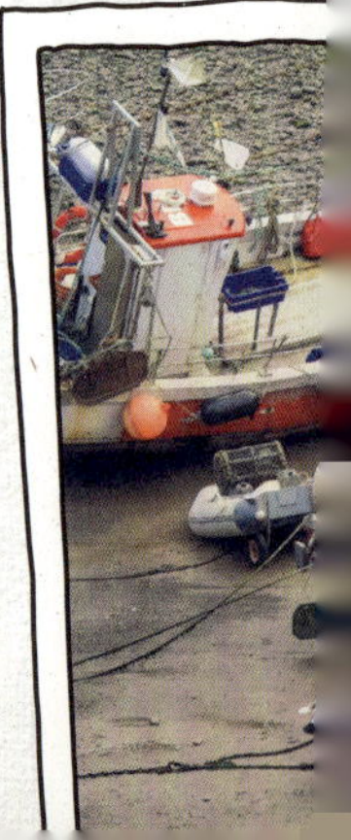

[1] *wörtlich „Sahnetee", ein britischer Nachmittagssnack mit Tee, Bakwaren und Sahne*

Gut, dass Amelia neben mir sitzt, die ich vor einigen Jahren in Australien kennengelernt habe. Sie zeigt mir ihre Heimat und nimmt mich herzlichst bei sich auf. Es ist schön, ein Land durch seine Bewohner kennenzulernen. In Wales sind diese sehr humorvoll und naturverbunden. Genau nach meinem Geschmack. So verbringen Amelia und ich trotz stürmischem Wetter viel Zeit im Freien, beim Klippenspringen, Surfen, Drachensteigen und im Outdoor-Theater. Seit fünf Jahren haben wir uns nicht gesehen, und doch fühlt es sich an, als wäre es gestern gewesen, dass wir Australien unsicher gemacht haben. Durch das viele Reisen habe ich meine Herzensmenschen auf der ganzen Welt verteilt. Eine tiefe Verbundenheit hält die Freundschaft trotz räumlicher Entfernung und wenig Kontakt aufrecht. Ganz ohne Erwartungen und Enttäuschungen. Aus solchen schwerelosen Verbindungen schöpfe ich Kraft.

Gestärkt verabschiede ich mich, um zum Abschluss meines Großbritannienaufenthaltes den höchsten Berg von Wales, den Snowdon, zu besteigen. Die Wanderung bei Sturm, Regen und dichtem Nebel war vielleicht nicht meine beste Idee, aber bei der Ankunft auf dem Gipfel jeden mühsamen Schritt gegen den Wind wert. Für einen kurzen Moment lichtet sich der Nebel, und mir eröffnet sich ein grandioser Ausblick über das Tal. Auch in mir klärt sich die Sicht, und so sehe ich auf dem Grund meiner eigenen inneren Schlucht einen leichten Schimmer blitzen.. Vielleicht ist die Flucht auf den Berg nicht die Lösung, vielmehr liegt diese möglicherweise in der Akzeptanz und Erforschung des dunklen Loches.

Mit dieser Aus- und Einsicht steige ich talwärts und verlasse Wales mit der Fähre nach Irland, wo ich mitten in der Nacht in der Halbmillionenmetropole Dublin ankomme. In einer Seitengasse finde ich versteckt im Minimobil noch ein paar Stunden Ruhe, bis die Stadt mit mir erwacht. Ich unternehme einen kleinen Spaziergang am Fluss entlang bis in die Altstadt. Alles ist voll und laut, ich bin eigentlich zu müde für diese Hektik, aber ich muss irgendwo meine Kamera, die etwas zu viel Feuchtigkeit abbekommen hat, reparieren lassen. Ich werde von A nach B geschickt und lande bei zwei alten Herren im Keller ihres Wohnhauses. Dort stapeln sich Kameras und deren Einzelteile bis unter die Decke. Leider können mir die Bastler auch nicht weiterhelfen, und so verabschiede ich mich von den beiden Gentlemen und Dublin und lege meine Kamera optimistisch zurück in den Reis, der als altes Hausmittel die Feuchtigkeit binden soll.

Ich habe noch zwei Wochen Zeit, bis Matthieu kommt und wir gemeinsam die Grüne Insel und ihre Wellen erkunden wollen. Bis dahin würde ich gerne einen kleinen Einblick in die Agrarwirtschaft des fruchtbaren Landes gewinnen. Auf meinem bisherigen Trip habe ich immer wieder von einer Surffarm an der Westküste Irlands gehört. Deshalb stelle ich meinen Kompass auf Westen und fahre los.

› *Fortsetzung auf Seite 184*

LIFE IS

all about

150
151

happiness is homemade
KÖRMI
KÖRMET

BEDINGUNGSLOSE LIEBE

Liebe gehört zu den Grundbedürfnissen eines Jeden. Sie gibt uns ein Gefühl von Zugehörigkeit und tiefer Verbundenheit. Oft wird sie auf Partnerschaften reduziert, dabei umgibt sie uns immer und überall. In jeder Art von zwischenmenschlicher Beziehung, aber auch in der Natur und bei uns selbst. Liebe heißt, einander mit Mitgefühl zu begegnen, in Harmonie und Frieden mit sich selbst.

Nur eine selbstlose Liebe ohne Erwartungen und Verpflichtungen kann wirklich erfüllen. Die bedingungslose Liebe gibt, anstatt zu nehmen und zu verlangen. Aus purer Liebe. Strahle diese Liebe aus.
Das Glück strahlt ab, genauso wie ein Lächeln ansteckt. Es gibt kein schöneres Make up als ein Lächeln auf dem Gesicht. Und wenn du es ausstrahlst, dann kommt das Glück auch zu dir zurück.

SCHENKE DIR UND DER WELT DEIN SCHÖNSTES LÄCHELN.

VERSCHIEDENE TOPPING-IDEEN FINDEST DU AUF DER NÄCHSTEN DOPPELSEITE.
JBL
THE STORMRIDER SURF GUIDE
EUROPE

PORRIDGE

Porridge ist eine Art Haferbrei und als Frühstück in Großbritannien nicht wegzudenken. Ursprünglich kommt es aus den Highlands von Schottland und wurde traditionell auch am Mittag und abends gegessen.
Das klassische Grundrezept ist vielseitig abwandelbar und weit verbreitet.
Gerade dann, wenn es draußen kalt ist, ist der warme Brei sehr wohltuend. Er ist nicht nur schnell gemacht, sondern auch sehr gesund und hält dabei lange satt.

FÜR 2 PERSONEN

- ☐ 1/2 TASSEN HAFERFLOCKEN
- ☐ 1 1/2 TASSEN FLÜSSIGKEIT
- ☐ 1 PRISE SALZ

OVERNIGHT OATS

Wer morgens zu müde ist, um Porridge warm zu machen oder es lieber kalt isst, kann die Flocken auch schon über Nacht einweichen und muss sich dann morgens lediglich für ein Topping entscheiden. Besonders im Sommer sind die Overnight Oats eine tolle Alternative. Mische einfach 1/2 Tasse Haferflocken mit 1 Tasse Wasser am Vorabend in einem Gefäß und lasse sie über Nacht quellen.

GRUNDREZEPT

So geht's:

- Für einen intensiv nussigen Geschmack röste die Haferflocken zunächst in einer Pfanne an. Für die schnelle Variante kannst du diesen Schritt auch überspringen.

- Erhitze die Haferflocken mit 1,5 Tassen Wasser und dem Salz in einem Topf. Wahlweise kann ein Teil des Wassers auch durch Milch ersetzt werden. Lass das Gemisch einmal kurz aufkochen und dann für ca. 10 Minuten unter regelmäßigem Rühren weiterköcheln, bis ein leicht schleimiger Brei entsteht. Das regelmäßige Rühren ist sehr wichtig, deshalb wird traditionell ein spezieller Porridge-Rührlöffel, der Spurtle, benutzt ***(vgl. Seite 158)***. Die Stabform des Spurtle verhindert die Klümpchenbildung beim Rühren. Alternativ kannst du den Stiel eines Kochlöffels verwenden.

- Bei Bedarf kann der Brei zum Schluss noch mit Honig gesüßt werden, bevor er mit einem Topping garniert wird.

TOPPINGS SÜSS

Das Grundrezept kann nach persönlichem Gusto in unzähligen Varianten genossen werden. Mit verschiedenen Zutaten garniert bietet das Porridge eine abwechslungsreiche Frühstücksroutine. Im Folgenden sind Varianten aufgeführt, aber die Liste ist natürlich unendlich.

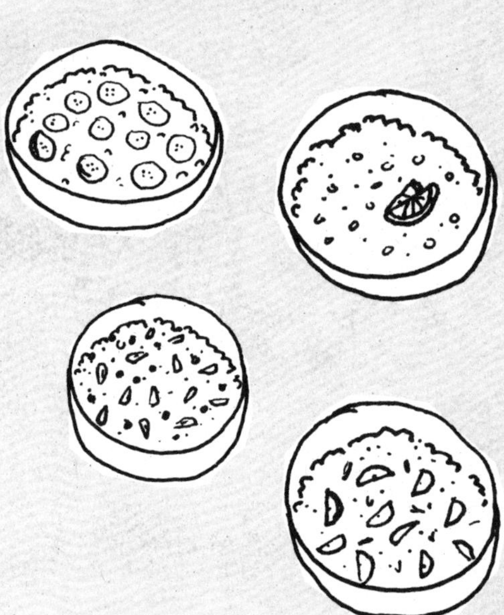

KLASSIK

Bestreue das warme Porridge mit braunem Zucker, damit sich eine flüssige Karamellschicht bildet.

STUDENTENFUTTER

Röste verschiedene Nüsse (z. B. Mandeln, Haselnüsse, Walnüsse, Pekannüsse, Cashewkerne, Erdnüsse) in einer Pfanne kurz an und gebe sie mit Rosinen und anderen Trockenfrüchten über das Porridge.

SUPERPOWER

Mische etwas Kokosöl, Kurkumapulver, Honig, Leinsamen und extra Wasser unter den Haferschleim und garniere das Ganze mit Granatapfelkernen und frischer Zitrone.

APPLEPIE

Schneide einen Apfel in kleine Scheiben und weiche 1 EL Rosinen in etwas Wasser ein. Gib beides mit ein wenig Öl in eine Pfanne und dünste es mit 1 TL Honig und etwas Zimt, bis der Apfel gar ist. Gib die Mischung über das Porridge und garniere mit ein paar gehackten Mandelkernen.

MEIN LIEBLINGSTOPPING:

....

....

....

HERZHAFT

Herzhaftes Porridge, das hört sich erst einmal nicht sehr verführerisch an. Aber wer nicht wagt, der nicht gewinnt. Wage dich an diese zwei leckeren Rezepte und überzeuge dich selbst von dem schmackhaften Alleskönner Porridge. Für diese Varianten können die Haferflocken auch in Gemüsebrühe gekocht werden.

PROBIERE MAL
ETWAS NEUES.

Ei/Cherrytomaten/Lauch

Koche das Ei so, dass das Eigelb noch leicht flüssig ist. In der Zwischenzeit halbiere die Cherrytomaten und brate sie zusammen mit dem geputzten, kleingeschnittenen Lauch in einer geölten Pfanne an. Gib das Porridge in ein Schüsselchen und toppe es mit dem Gemüse und dem gepellten Ei. Garniert wird mit ein paar Tropfen frischem Olivenöl, Salz und Pfeffer.

Zwiebeln/Pilze/Spinat

Schäle die Zwiebeln, schneide sie und brate sie in etwas Öl. Sobald sie glasig sind, füge eine geschälte, gehackte Knoblauchzehe und die geputzten Pilze in Scheiben geschnitten hinzu. Lass das Ganze kurz brutzeln und lösche es dann mit etwas Balsamicoessig ab. Würze mit Salz und Pfeffer, gib den Spinat dazu und lass ihn zusammenfallen. Toppe das Porridge mit dieser Gemüsepfanne und garniere alles mit angerösteten Sonnenblumenkernen.

SPURTLE SCHNITZEN

Auch Schnitzen kennen die meisten aus der Kindheit, wo für Stockbrot am Lagerfeuer eifrig Stöcke gesammelt und zurechtgeschnitzt wurden. Abgesehen davon können aber auch andere Alltagsprodukte selbst geschnitzt werden. Wie zum Beispiel ein Spurtle: Das ist ein schottisches Küchenutensil, das zum Umrühren von Porridge *(vgl. Seite 154)* benutzt wird. Auf Grund der langen, schmalen Form des Spurtles verklumpt der Brei dabei nicht und erhält seine cremige Konsistenz. Der Spurtle sieht aus wie ein Zauberstab und eignet sich super zum Einstieg in die Schnitzkunst, da zur Herstellung lediglich ein scharfes Messer benötigt wird.

DU BRAUCHST

- ☐ EINEN TROCKENEN AST MIT CA. 25 CM LÄNGE UND Ø 2 CM
- ☐ SCHARFES MESSER
- ☐ FEINES SCHLEIFPAPIER
- ☐ 1 EL ÖL

MIT DEM SPURTLE GELINGT DIR JEDES PORRIDGE.

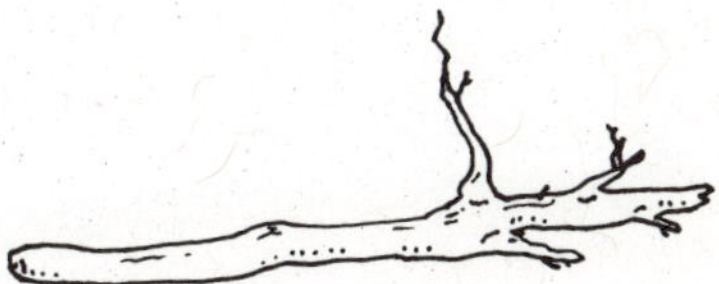

So geht's:

- Suche dir zunächst ein Stück Ast. Am besten, du nimmst einen abgestorbenen, trockenen Ast, so kann er sich beim Austrocknen nicht zu sehr verziehen. Achte darauf, dass der Ast keine großen Astlöcher hat, diese erschweren die Bearbeitung.

ACHTUNG
IMMER VON DEINEM KÖRPER
WEG SCHNITZEN!

- Nun überlegst du dir, wie der Spurtle genau aussehen soll. Er sollte als ca. 1,5 Zentimeter dünner Stab gegen unten konisch zu laufen. Am Griff kannst du dich kreativ austoben. Führe beim Schnitzen das Messer immer von deinem Körper weg und greife das Werkstück oberhalb des Schnitzbereiches.

- Wenn du mit der Form deines Spurtles zufrieden bist, kannst du ihn mit etwas Schleifpapier glatt schleifen und dann einölen. Dafür einfach mit etwas Speiseöl, z. B. Olivenöl, bestreichen und dieses für ca. 1 Stunde einwirken lassen. Danach das überschüssige Öl abwischen, und schon ist der Spurtle einsatzbereit.

TIPP

ALS NÄCHSTES WERKSTÜCK EIGNET SICH EIN LÖFFEL, DER IST AUF REISEN IMMER ZU GEBRAUCHEN.

DAS GROSSE GANZE

Das große Ganze reicht unendlich weit und wird als Universum oder als Weltall bezeichnet. Dahinter verbirgt sich alles, was wir kennen, aber noch viel mehr Unerklärliches. Die Erde und die Menschheit sind nur ein winziger Bestandteil dieses riesigen, komplexen Systems mit abertausend Verbindungen und Abhängigkeiten, die wir nicht einmal im Ansatz erfassen können. Und doch sind wir Teil davon, ein kleiner Teil des großen Ganzen. Wir sind also auch selbst das große Ganze, was wir aber oft vergessen und was uns egoistisch und ich- bezogen handeln lässt. Versuche Dinge öfter aus der Einheit des großen Ganzen zu betrachten, dich selbst und deine Probleme nicht so wichtig zu nehmen, dafür aber aus Liebe für die Gesamtheit zu handeln.

WIR SIND ALLE EINS,
HANDLE AUS LIEBE
ZUM GANZEN.

HÄKEL-BASICS

Beim Häkeln wird der Faden mit einer Häkelnadel zu einem Maschengebilde verarbeitet. So können ganz verschiedene Textilien für Haushalt, Deko und Kleidung hergestellt werden. Viele kennen Häkeln schon aus der Grundschule. Hier nochmals die Basics als kleine Auffrischung und als Anregung für unterwegs.

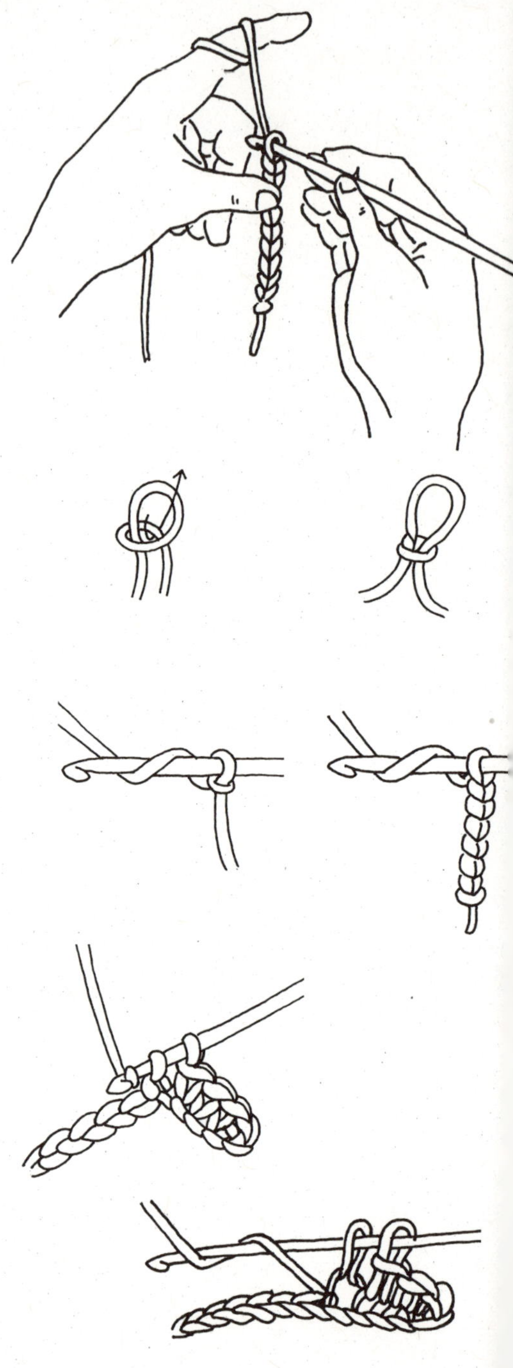

ERSTE MASCHE

Bilde eine Schlinge mit dem Faden und ziehe den fortlaufenden Faden hindurch.

LUFTMASCHENKETTE

Mit einer Luftmaschenkette beginnt man fast jedes Werkstück. Durch die erste Schlaufe auf der Nadel wird der um die Häkelnadel geschlungene Faden gezogen. Dies wird so oft wiederholt, bis die Luftmaschenkette die gewünschte Länge hat.

FESTE MASCHEN

Feste Maschen sind, wie der Name schon sagt, fest und bilden oft die Abschlussreihe eines Werkstücks.
Dafür wird in die Masche eingestochen, der Faden um die Nadel geschlungen und durch die Masche gezogen. Du hast jetzt zwei Schlaufen auf der Nadel. Schlinge den Faden erneut um die Nadel, um ihn danach durch beide Schlaufen zu ziehen. Fertig ist eine feste Masche.

STÄBCHEN

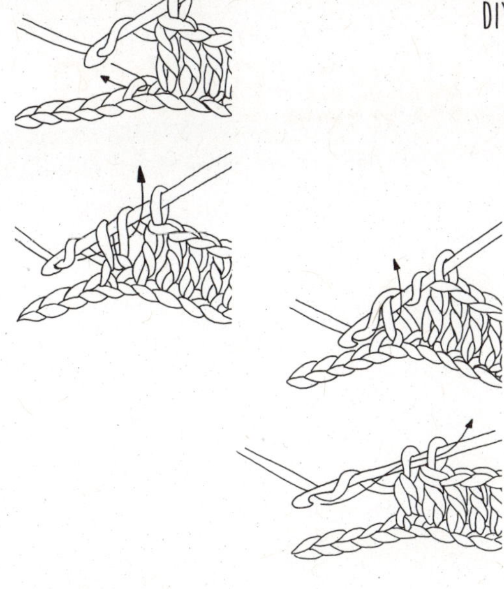

Stäbchen machen die Häkelarbeit schmiegsam und elastisch. Für ein Stäbchen wird der Faden einmal gegen den Uhrzeigersinn um die Nadel geschlagen. Erst danach stichst du in die nächste Masche ein und holst den Arbeitsfaden nach vorne. Nun sollten mit dem Umschlag drei Schlaufen auf der Nadel liegen. Erneut den Faden aufnehmen und durch die ersten beiden Schlaufen ziehen. Jetzt hast du noch zwei Schlaufen auf der Nadel. Noch einmal den Faden aufnehmen und durch diese beiden Schlaufen ziehen. Fertig ist dein Stäbchen.

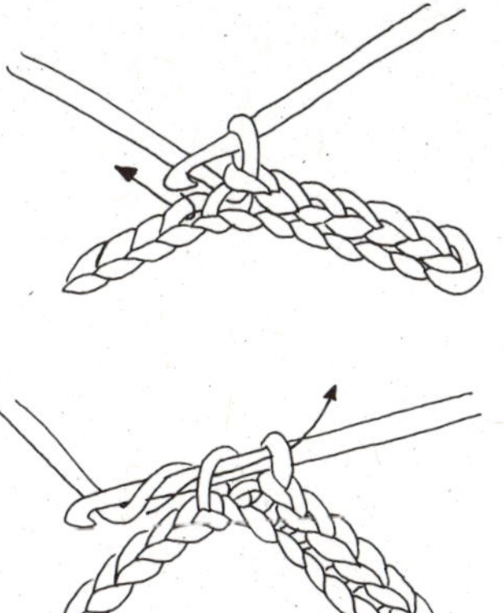

KETTMASCHE

Kettmaschen werden oft verwendet, um eine Reihe beim Rundhäkeln abzuschließen. Den Arbeitsfaden umschlagen und durch die Masche und durch die Schlinge auf der Häkelnadel ziehen. Schon ist eine Kettmasche gehäkelt! Die fertige Kettmasche liegt ganz flach auf der vorherigen Maschenreihe auf.

ZUNAHME

Für die Zunahme in einem Teil häkelt man einfach zwei Maschen in eine Masche der vorigen Reihe. Je nach Bedarf wiederholt man diese Verdoppelung pro Reihe in einem bestimmten Rhythmus.

MACHE DIR EINE EIGENE MÜTZE.

MÜTZE

An der Atlantikküste kann der Wind ab und zu ganz schön pfeifen. Für warme Ohren kannst du dir ganz einfach diese Mütze selbst häkeln. Sie kann als Beanie oder umgeschlagen getragen werden und ist somit verschieden kombinierbar. Ich habe viele verschiedene Mützen ausprobiert, aber diese ist und bleibt mein Favorit als treuer Begleiter auf Reisen.

FÜR EINE EINHEITSGRÖSSE

- ☐ CA. 100 G WOLLE (MIND. 50 % REINE WOLLE)
- ☐ HÄKELNADEL STÄRKE 4,5–5,5 JE NACH DICKE DES GARNS

TIPP
MIT MEHRFARBIGER WOLLE SETZT DU GLEICH NOCH EINEN FARBAKZENT.

So geht's:

- Bilde einen Fadenring ***(vgl. Seite 88)***. Für die 1. Runde häkelst du 12 Stäbchen in den Fadenring. Für den Übergang aller Runden machst du zum Abschluss 1 Kettmasche und dann 2 Luftmaschen für den Anstieg. Stäbchen machen die Mütze elastisch und geschmeidig.

- Die Zunahme:
In der 2. Runde jede Masche doppelt, also 24 Stäbchen.
In der 3. Runde jede 2. Masche doppelt, also 36 Stäbchen.
In der 4. Runde jede 3. Masche doppelt, also 48 Stäbchen.
In der 5. Runde jede 4. Masche doppelt, also 60 Stäbchen.
In der 6. Runde jede 20. Masche doppelt, also 63 Stäbchen.

- Ab der 7. Runde häkelst du jede Masche nur noch einfach und setzt deine Stäbchen soviele Runden fort, bis du die gewünschte Länge der Mütze erreicht hast. Bei mir sind es insgesamt meist 23 Runden.

- Für den Abschluss häkelst du noch 1 Runde feste Maschen, damit die Mütze unten schön anliegt. Jetzt nur noch den Faden vernähen und die Mütze aufsetzen.

TIPP
AUS DEN RESTEN KANNST DU EIN STIRNBAND HÄKELN. SCHLIESSE DAFÜR EINE LUFTMASCHENKETTE ZUM RING UND HÄKLE DARÜBER STÄBCHEN IN RUNDEN.

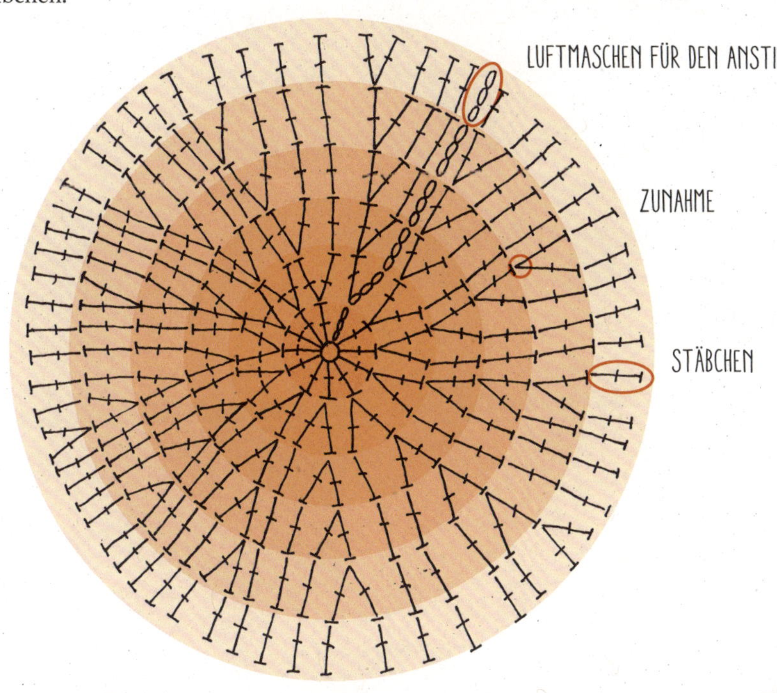

WHAT IF YOU FLY

SPIELPLATZ

Die Welt, gesehen aus Kinderaugen, ist ein riesengroßer Spielplatz mit unendlich vielen Möglichkeiten. Im Erwachsenenalter haben wir teilweise verlernt zu spielen, weil wir oft verkopft, ängstlich und voreingenommen handeln.

Aber was kann denn schon passieren? Bereits früh haben wir als Kind gelernt: Wenn man hinfällt, kann man auch einfach wieder aufstehen. Wenn es dann doch mal zu einer Schürfwunde kommt, lehrt uns diese oft mehr als jahrelanges Stillsitzen. Das Leben soll Spaß machen und uns vor allem weiterentwickeln. Das tut es, wenn wir uns darauf einlassen. Wenn wir ohne Angst vor dem Versagen oder Ungewissen unseren Träumen folgen. Wenn wir dem Positiven Aufmerksamkeit schenken und Spaß an dem haben, was wir tun.

Lass dich von Zweifeln nicht beherrschen, sondern sei mutig, höre auf deine Intuition und lerne dich und das Leben spielerisch besser kennen.

DOUBT KILLS MORE DREAMS THAN FAILURE EVER WILL.

BUCKETLIST

Was möchtest du in deinem Leben erleben, sehen, spüren, erschaffen? Im Alltag verlieren wir oft unsere eigenen Ziele, Träume und Wünsche aus den Augen. Doch nur wir selbst können an deren Erfüllung arbeiten, indem wir Verantwortung für unser eigenes Leben übernehmen und nicht dadurch fremdbestimmt handeln, dass wir andere für unser Schicksal verantwortlich machen.
Befördere deine Träume aus der Ideenwelt in die Realität. Schreibe sie dazu auf, damit du sie nicht aus den Augen verlierst. Arbeite die Liste nicht unter Druck ab, sei geduldig, aber fokussiert, konzentriert auf dich und deine inneren Bedürfnisse. Sieh die Liste als Chance, dich mit dir selbst vertraut zu machen – und als Motivation für deine Selbstverwirklichung.

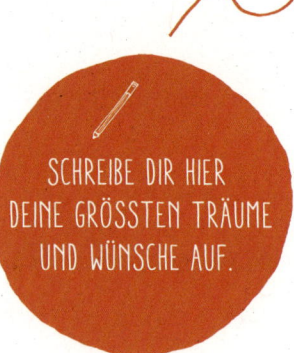

SCHREIBE DIR HIER DEINE GRÖSSTEN TRÄUME UND WÜNSCHE AUF.

WIMPELKETTE

Eine Wimpelkette ist ein tolles Schmuckstück für festliche Anlässe. Aber ist nicht jeder Tag ein Fest und somit ein Grund zum Feiern?! Mach deinen Campervan zu einem Ort purer Lebensfreude. Mit dieser Anleitung kannst du dir eine Wimpelkette ganz nach deinem Geschmack herstellen. Dafür gibt es unterschiedliche Möglichkeiten: Auf weißem Papier kannst du sie mit verschiedenen Motiven, Farben und Formen gestalten. Oder du verwendest buntes Tonpapier, Fotos, Landkarten, Postkarten, Seiten einer Zeitschrift etc. Alles ist möglich!

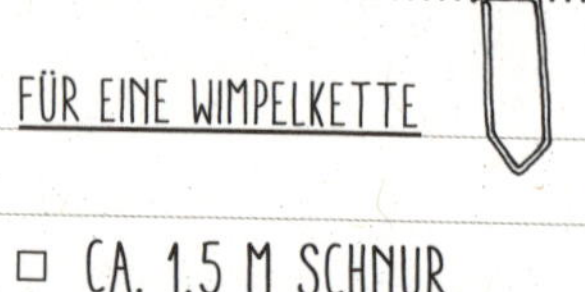

FÜR EINE WIMPELKETTE

- ☐ CA. 1,5 M SCHNUR
- ☐ PAPIER FÜR DIE WIMPEL
- ☐ NADEL

TIPP
ALS OUTDOOR-VARIANTE KANNST DU AUCH WIMPEL AUS STOFF MACHEN UND MIT BIENENWACHS IMPRÄGNIEREN (VGL. SEITE 184).

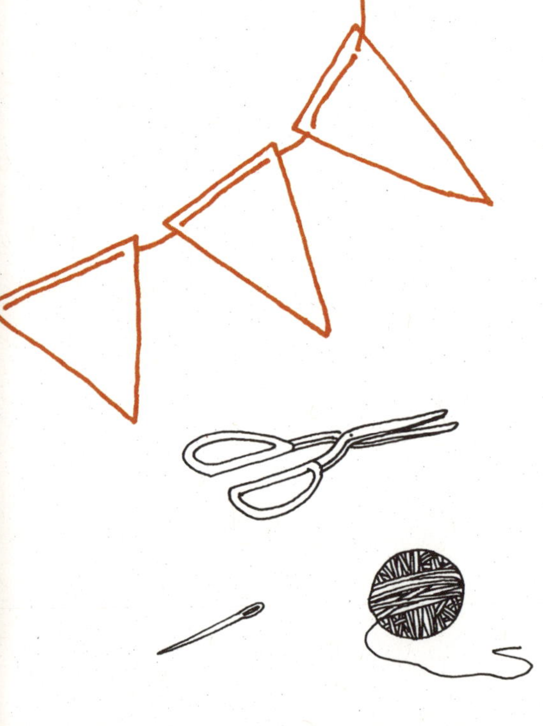

So geht's:

- Zunächst schneidest du dir die Wimpel zurecht. Entweder aus der folgenden Seite oder aus beliebigem Papier. Wenn du dein eigenes Material verwendest, ist es sinnvoll, dass du dir zuvor eine Schablone bastelst.

- Als nächstes stichst du entweder mit einer Nadel oder einem anderen spitzen Gegenstand, je nach Stärke deiner Schnur, jeweils zwei Löcher in den oberen Teil des Wimpels.

- Nun nimmst du die Schnur und fädelst sie durch die Löcher der Wimpel. Jetzt noch einen Knoten an den Anfang und an das Ende, und fertig ist deine Dekoration.

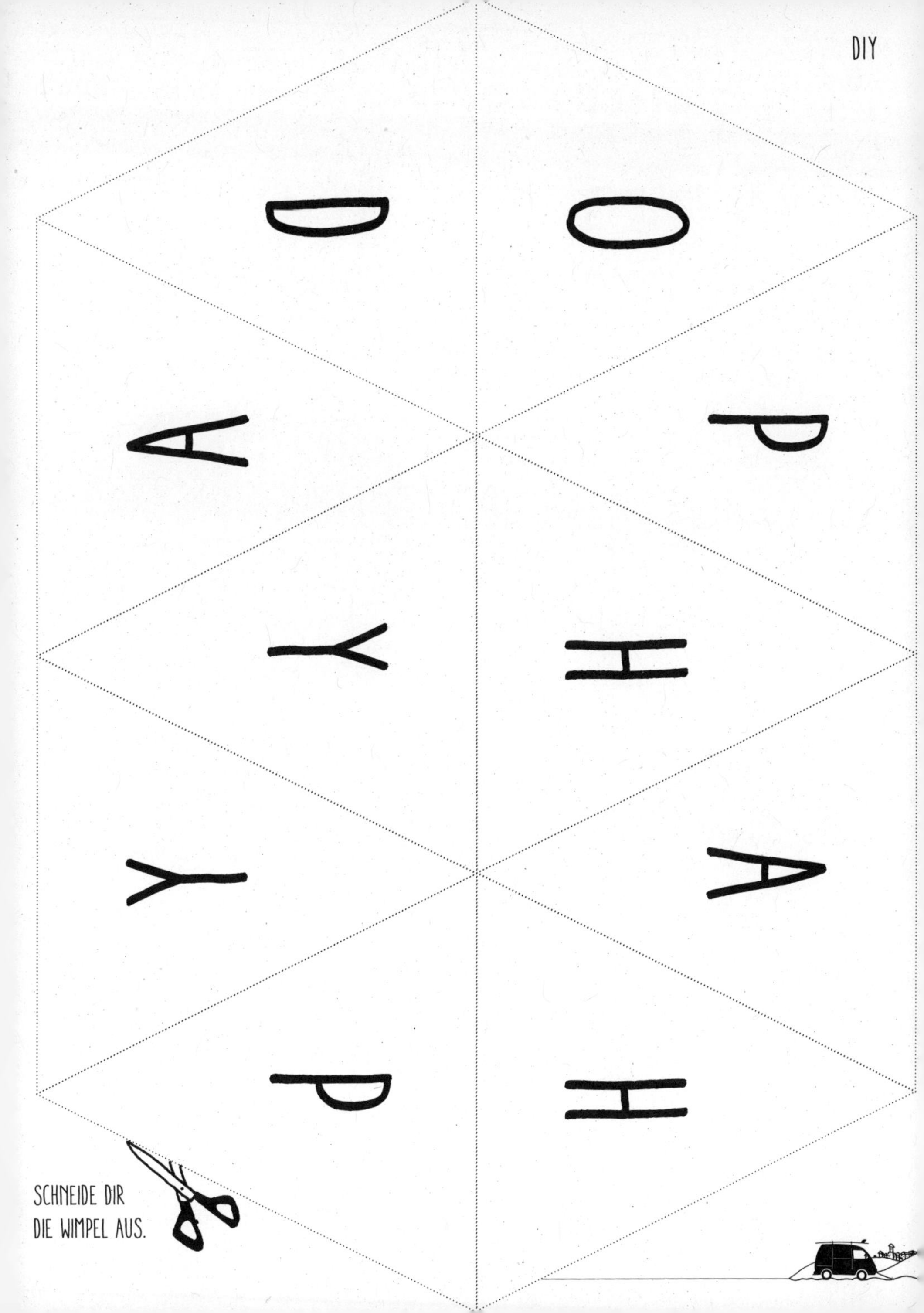
D
O
A
P
Y
H
Y
A
P
H
SCHNEIDE DIR
DIE WIMPEL AUS.

life is a party

LET'S DANCE

LEBENSRHYTHMUS

Tag und Nacht, die Jahreszeiten, Ebbe und Flut, alles folgt einem bestimmten Rhythmus.
Auch unser Körper und Geist mit dem Verdauungssystem, Herz und Atmung. Das ganze Leben ist ein Fest mit Rhythmus, dem Lebensrhythmus. Tanze dazu, mit Optimismus und Lebensfreude.
Auch wenn du mal aus dem Takt gerätst, lass dich nicht beirren.
Gib dich wie beim Tanzen dem Moment und dem Rhythmus hin, frei und unbeschwert.
Bewegung tut Körper und Geist gut und lindert Stress. Wenn du gefühlt aus dem Rhythmus des Lebens gekommen bist, dann dreh doch wirklich die Musik auf und bewege dich zu ihr. Verbinde dich mit den Klängen, dem Rhythmus und dem Augenblick.
Tanz dich glücklich!

BROMBEERMARMELADE

Im Spätsommer gibt es an der europäischen Atlantikküste Brombeeren en masse, und auch Äpfel sind überall frisch erhältlich. In Cornwall und Wales muss man sogar aufpassen, dass man sich beim Befahren der engen Alleen aus Brombeerhecken keine Kratzer am Camper holt. Besser, du sammelst die Brombeeren und machst diese leckere Marmelade daraus. In anderen Ländern ist es oft schwierig, Gelierzucker zu bekommen. Hiermit gelingt dir die Marmelade mit rein natürlichem Geliermittel.

TIPP

FÜR DAS GEWISSE ETWAS FÜGE VOR DEM KOCHEN ETWAS ROSMARIN UND INGWER HINZU.

FÜR 1 GLAS (250 ML)

- ☐ 125 G BROMBEEREN
- ☐ 1 SÄUERLICHER APFEL
- ☐ 70–125 G ZUCKER ODER 45 G GELIERZUCKER
- ☐ SAFT EINER HALBEN ZITRONE

So geht's:

- Den Apfel waschen, entkernen und mit Schale grob reiben. Die Schale ist wichtig, da diese und das Gehäuse am meisten Pektin enthalten. Pektin dient als Geliermittel und sorgt dafür, dass die Marmelade später fest wird.
- Vermische nun alle Zutaten in einem Topf und lasse sie unter gelegentlichem Rühren für ca. 15–20 Minuten kochen, je nach gewünschter Konsistenz. Diese kannst du mit dem Geliertest prüfen. Bist du mit der Festigkeit zufrieden, kannst du die groben Früchte noch mit einer Gabel zerdrücken.
- Nun musst du die heiße Marmelade nur noch in ein steriles Glas *(vgl. Seite 176)* abfüllen und dieses gut verschlossen zum Abkühlen auf den Kopf stellen.

GELIERPROBE

Beim Kochen etwas Marmelade entnehmen, auf einem kühlen Teller erkalten lassen und die Konsistenz überprüfen.

ORANGENMARMELADE

Orangenmarmelade ist ein fester Bestandteil der englischen Küche. Mit ihrer leicht herben und bitteren Note ist sie sehr charakteristisch und exotisch im Geschmack. In Großbritannien wird sie beim „klassischen englischen Frühstück“ mit Toast serviert oder zum Nachmittagstee mit Scones und Clotted Cream.
Hier ein vereinfachtes Rezept der englischen Traditionsmarmelade für eine unkomplizierte Zubereitung auf Reisen. Auch für diese Marmelade benötigst du keinen Gelierzucker, da das Weiße der Orangenschalen und Fruchthäute über ausreichend Pektin verfügt. Es sorgt dafür, dass die Marmelade fest wird.

FÜR 1 GLAS (250 ML)

- ☐ 3 BIO-ORANGEN
- ☐ 175 G ZUCKER
- ☐ CA. 100 ML WASSER

EINMACHGLÄSER STERILISIEREN

Beim Einmachen von Lebensmitteln müssen die Gläser zuvor sterilisiert werden. Das befreit sie von Keimen und Bakterien und sorgt so für eine lange Haltbarkeit von Marmeladen, Sirup, Chutney etc. Zum Sterilisieren lege die Gläser in einen größeren Topf und bedecke sie vollständig mit Wasser. Bringe das Wasser zum Sieden und koche die Gläser und Deckel darin mindestens 10 Minuten aus. Beim Abkühlen darauf achten, dass das Innere der Gläser und Deckel unberührt bleibt.

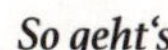

So geht's:

- Für die Orangenmarmelade wird die komplette Frucht mit Schale verarbeitet, deshalb wasche zunächst die Orangen mit heißem Wasser ab und schäle sie dann großzügig mit einem Messer.

- Die Schale nun in sehr dünne Streifen schneiden.

- Das Fruchtfleisch mit dem weißen Mantel wird in ganz kleine Stücke geschnitten und, falls vorhanden, von den Kernen befreit.

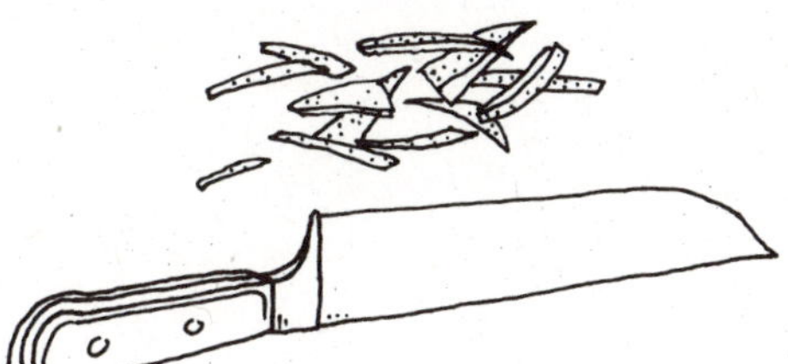

- Dann kommen die Schalen und das Fruchtfleisch zusammen mit dem Zucker und 100 ml Wasser in einen Topf und werden einmal aufgekocht. Rühre gelegentlich um, gebe bei Bedarf etwas Wasser dazu und lasse das Gemisch für ca. 45 Minuten köcheln. Mithilfe der Gelierprobe ***(vgl. Seite 175)*** entscheidest du, ob die Marmelade fertig ist oder nicht.

- Bist du mit der Konsistenz zufrieden, füllst du die heiße Marmelade in sterilisierte Gläser ab, verschließt sie gut und drehst sie einige Minuten auf den Kopf. Fertig ist deine englische Marmelade!

TIPP

UM DIE WEIHNACHTSZEIT SCHMECKT DIESE MARMELADE BESONDERS GUT MIT ETWAS ZIMT UND INGWER.

DEEP AS THE OCEAN

UNTERBEWUSSTSEIN

Das Unterbewusstsein reicht tief, es speichert alle Erfahrungen und Eindrücke aus der Vergangenheit. Es verfügt über ein tiefes, vollkommenes Wissen, das unterhalb unseres Bewusstseins liegt. Das Unterbewusstsein nimmt uns täglich tausende Entscheidungen ab und lässt uns nicht gegen eine Wand laufen. Intuition entspringt dem Unterbewusstsein. Auch als Bauchgefühl bezeichnet, kann sie uns bei komplexen Problemen oder Entscheidungen helfen, ohne dass wir verstehen, woher sie kommt: irgendwoher aus unserem Inneren, einem kreativen Teil, der immer das Beste für uns möchte. Deshalb vertraue auf dein Bauchgefühl und sei mutig bei Entscheidungen.

Irland wird auch gerne als „Grüne Insel" betitelt und ist bekannt für seine Natur mit Hügeln und Seenlandschaften. Atemberaubende Naturspektakel wie 200 Meter hohe Klippen oder Gegenden, die Mondlandschaften ähneln, säumen abseits der großen Städte die Fahrstrecke durch das sehr dünn besiedelte Land. Immer wieder trifft man auf eindrucksvolle alte Burgen und Schlösser, die teilweise ihren Ursprung noch in der Zeit der Kelten haben. Das gilt auch für die zahlreichen Mythen und Märchen über Elfen, Feen, Kobolde und andere Fantasiewesen. Diese Mythen wurden über Jahrtausende mündlich und schriftlich überliefert. So erzählt jedes Feld, jeder Berg und jeder Fluss seine ganz eigene Geschichte voller Magie. Verstärkt wird die Mystik einiger Orte durch das unbeständige, oft regnerische oder stürmische Wetter der Insel. Strahlender Sonnenschein wird schnell mal von einem Platzregen abgelöst. Dann sucht man am besten in einem der zahlreichen Pubs Unterschlupf, wo man neben den ausgesprochen herzlichen und offenen Iren oft auf Livemusik mit traditionellen Instrumenten wie Fiddel, Harfe oder Flöte trifft. Egal, wie abgelegen der Ort auch sein mag, im Pub, dem Wohnzimmer der Iren, kann man immer ein frischgezapftes Guiness in guter Gesellschaft genießen.

ES FOLGT
REISEBERICHT TEIL 5

IRLAND

› Fortsetzung von Seite 149

GRÜNE WELLE

Pünktlich zum Sonnenuntergang bin ich bei den berühmten Cliffs of Moher an der Küste. Ich kann mein Glück kaum fassen, als sich mir ein wahres Naturspektakel offenbart. Ich setze mich an den Rand der mehr als 100 Meter hohen Klippen, atme einige Male tief durch und sehe zu, wie die riesige feuerrote Kugel langsam am Horizont verschwindet. Unter mir peitscht das Wasser gegen die hohen Felswände, die, von einer saftig grünen Grasschicht bedeckt, im letzten Abendlicht schimmern.

Es sind Momente wie dieser, in denen die Erde für einen Moment stillsteht, in denen ich alles um mich herum vergesse und in tiefster Zufriedenheit einfach nur bin, wo ich bin. Mir läuft vor Freude eine kleine Träne über die Wange. Ich bin! Egal wer, was, wo, mit wem.

Ich bin ... glücklich ..., in einer Welt voller Leben zu sein.

Mit der Sonne als treibender Kraft, als endloser Energiequelle für alles Sein. Ich beobachte die Wellen, die angetrieben von dieser Kraft kilometerlang durch den weiten Ozean reisen, um dann in der Brandung zu brechen. Ich bekomme wieder Lust zu surfen, Sonnenenergie zu reiten und als Fisch in meinem Element, dem Wasser, zu sein. So fahre ich nach Sonnenuntergang noch zum nächsten Surfspot, um dort als Frühaufsteherin schon in der Morgendämmerung ins Wasser zu springen. Während der Fahrt erhebt sich der Mond als gigantisch volle, weiße Perle aus dem hügeligen Hinterland. Ich kann sie förmlich spüren, die Mystik, die dem Land zugeschrieben wird. Der Vollmond begleitet mich als Konstante auf meiner Reise und erinnert mich monatlich an das große Ganze. Er steht für Reinigung und Neubeginn. Vielleicht funktioniert meine Kamera ja wieder. Nach sechs Tagen, die sie im Reisbad zugebracht hatte, versuche ich ein letztes Mal, sie anzumachen. Und tatsächlich, sie funktioniert, als wäre nie etwas gewesen.

Am nächsten Morgen wache ich mit einer eiskalten Nasenspitze auf. Die Nächte hier oben im Norden werden immer kälter. Aber die Wellen sehen vielversprechend und warm aus. Fast schon wie flüssiges Silber erscheinen die Wellenberge unter der dampfenden Wasseroberfläche. Also nichts wie rein in das Dampfbad! Die Wellen, die Naturszenerie, aber auch die Kälte sind atemberaubend. Ich muss wohl ziemlich verfroren aussehen, denn einheimische Surfer laden mich auf ein Frühstück im Warmen ein. Jetzt schon fühle ich mich in diesem Land unglaublich willkommen und wohl.

Auch auf der nahegelegenen Farm werde ich mit offenen Armen empfangen und für die nächste Zeit aufgenommen. Gemeinsam mit gleichgesinnten, leidenschaftlichen Surfern arbeite ich auf dem Feld und lerne über das Land, über Anbau und Ernte des Gemüses, das wir täglich frisch und lecker zubereitet verspeisen. Wir leben in fröhlichem Beisammensein mit Menschen verschiedenster Nationen. Neben dem ökologisch nachhaltigen Anbau von Lebensmitteln geht es hier vor allem um die Gemeinschaft und das zwischenmenschliche Zusammenkommen. Dies gibt mir ein wohlig warmes Gefühl für die kalten Nächte in meinem ungeheizten Minicamper.

Eines schönen Feierabends geht die ganze surfbegeisterte Crew gemeinsam ins Wasser. Wir teilen uns freudig Wellenritte ins Glück. Ich fühle mich unglaublich frei und lebendig, bis ich mir bei einem steilen *take off*[1] mein Knie verdrehe und stürze. Es fühlt sich an, als wäre mein halbes Bein abrissen. Nach ein paar Sekunden des Schocks nehme ich noch eine letzte Welle. Doch bei dieser knickt mein Knie einfach weg. Ich habe keinerlei Kontrolle darüber, gebe mich geschlagen und paddle ans Ufer, um dort einbeinig als einzig möglichen Rückweg einen steilen Felsabschnitt zu erklimmen.
Ein Arzt verordnet mir Ruhe. Die Bänder sind total überdehnt und der Meniskus leicht angerissen. Aber durchgerissen ist glücklicherweise nichts. Ich bin unglaublich erleichtert. Mir wird klar, wie selbstverständlich ich die Gesundheit hinnehme und wie dankbar ich eigentlich sein kann.
Ich muss in letzter Zeit viel an meine verstorbene Oma denken. Bis ins hohe Alter hat sie im Garten gearbeitet und uns mit leckerstem frischem Obst und Gemüse versorgt. In jungen Jahren sind wir oft mit meiner Zwergziege Lotta, Enten und Hühnern zwischen den Beeten herumgesprungen und haben bei der Ernte geholfen. Meine Oma Emma, die mir großes Vorbild ist, fehlt mir. Liebend gern würde ich mit ihr über meine Erfahrungen sprechen und gemeinsam im Beet herumwühlen. Für die Zeit nach meiner Rückkehr nehme ich mir vor, den Garten in ihrem Andenken zu bepflanzen und wieder aufblühen zu lassen. Aber für den Moment steht noch Irland auf dem Plan.

[1] *Aufstehbewegung auf dem Surfbrett*

Wieder gehfähig empfange ich Matthieu freudig mit zehn Kilo Käse, die er aus seiner Heimat, den französischen Alpen, mitgebracht hat. Ich spreche nur gebrochen Französisch, Mat kein Deutsch, wir verständigen uns auf Englisch und mit Körpersprache. Gemeinsam fahren wir entlang der Küste in den Norden. Zunächst wage ich mich mit einer Kniebandage nur in kleine Wellen, doch schnell gewinne ich wieder an Sicherheit, surfe enthusiastisch Irlands perfekte *Pointbreaks*[1] und Wellen der Herbststürme. Die Meerestemperatur beträgt mittlerweile unter 15 Grad Celsius, und ich surfe nur noch eingemummelt in Neoprenhaube, -handschuhe und -schuhe im eisigen Wind. Zwischen zwei Surfeinheiten tauen meine Füße und Hände gar nicht mehr auf, ich bin froh, dass ich mich bei Mat aufwärmen kann. Ich tauche ein in seine Welt, in ein Meer an positiver Energie. Ich liebe seine authentische Art und seine physische sowie mentale Stärke. In den Wellen und beim abendlichen Schachspielen fordert er mich dazu heraus, mit mehr Selbstbewusstsein zu mir zu stehen.

[1] *Surfspot, bei dem sich die Wellen entlang einer Landzunge brechen*

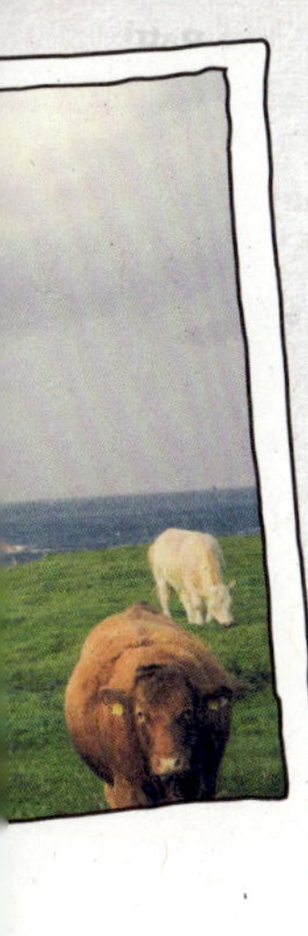

Ich habe mich in der Vergangenheit oft versteckt, beschämt zurückgehalten und mich unnötig klein gemacht. Aber wenn wir uns selbst nicht kennen und lieben, wie sollen wir dann glücklich sein und Liebe ausstrahlen?! Er zeigt mir als lebendes Beispiel die Selbstliebe als Quelle der inneren Zufriedenheit. Äußere Zufriedenheit finden wir in den zahlreichen irischen Cafés und Pubs, in denen wir es uns mit Kuchen und einem Buch oder einem Getränk und Livemusik gut gehen lassen. Die schöne Zeit vergeht wie immer viel zu schnell. Mittlerweile macht uns das feucht-nasse Klima aber auch ganz schön zu schaffen. Ich habe das Gefühl, mein Körper ist bis auf die Knochen mit Feuchtigkeit vollgesogen und fühle mich schlapp. Deswegen sehne ich mich nach Sonne und Wärme. Die letzten Tage erkunden wir die Insel nur noch zu Fuß. Dann nehmen wir die Fähre in den Süden: ich nach Spanien, Mat zurück nach Frankreich. Der Abschied verläuft tränenreich. Wir haben das Glück in der Gesellschaft des anderen gefunden, es fällt schwer, dies loszulassen. In meinem Herzen halte ich Mat fest und hoffe auf ein baldiges Wiedersehen in Marokko. Dann verlasse ich den sicheren Hafen und wage mich für 30 Stunden hinaus auf den stürmischen offenen Ozean. Mir ist schwindelig und schlecht von den Turbulenzen der Fähre und meines eigenen Gedankenkarussells. Dieses fühlt sich an wie der Motor für tiefe Ausgrabungen in meinem Loch. Zweifel, Ängste und Sorgen beherrschen meine Gedanken bei der Überfahrt nach Spanien. Das Karussell kreist unkontrolliert weiter: um Mat, meine Zukunft, den Sturm, um alles Mögliche. Um Gedanken des Mangels und Verlangens.

Bei der Ankunft in Nordspanien erwarten mich Kälte und schneebedeckte Berge. Nicht gerade das, was ich mir erhofft hatte. Also fahre ich direkt weiter durch ganz Spanien in dessen sonnenverwöhnten Süden. Innerhalb von einem Tag erreiche ich Andalusien. Von hier aus möchte ich weiter nach Marokko. Es geht mir nun seit einem Jahr nicht mehr aus dem Kopf, jetzt will ich es endlich doch wagen. Ich bin bereit, doch irgendetwas möchte mich zurückhalten.

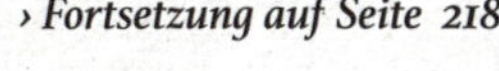

› Fortsetzung auf Seite 218

GROW
THROUGH
WHAT
YOU GO
THROUGH

Shop

GELASSENHEIT

Gelassenheit ist wichtiger Bestandteil der Achtsamkeit und tiefen inneren Zufriedenheit. Sie bedeutet, das Leben anzunehmen, es so zu akzeptieren, wie es ist, ohne es dabei zu werten. Das Bewusstsein der Vergänglichkeit hilft, Situationen und Dingen ohne Abneigung oder Verlangen zu begegnen – und bringt so innere Gelassenheit. Viele Reaktionen auf äußere Einflüsse erfolgen vorschnell, aus Konditionierungen des Ichs. Sie bringen uns aus dem Gleichgewicht. Gewöhne dir an, kurz innezuhalten, wenn du merkst, wie sich beispielsweise Ärger in dir breit macht.

Oft merkt man im Nachhinein, dass es nichts außer innerer Unruhe bringt, sich über etwas aufzuregen. Versuche diese Erkenntnis bereits in den Moment zu holen, indem du einmal kurz tief durchatmest. Gelingt dir dies nicht, dann sei stiller Beobachter deiner Reaktionen, ohne sie aber zu verleugnen oder zu bewerten. Wichtig ist das Bewusstsein darüber. Genau das bringt Gelassenheit. Was allerdings nichts mit Antriebslosigkeit oder Gleichgültigkeit zu tun hat. Im Gegenteil, die innere Gelassenheit fördert Aktionen anstatt blinde Reaktionen, weil du dir bewusst darüber bist.

BIENENWACHSTUCH

Selbstgemachte Bienenwachstücher sind eine umweltschonende, plastikfreie, wiederverwendbare Alternative zu Einwegprodukten wie Alu-und Klarsichtfolien. Sie eignen sich hervorragend für das Frischhalten von Lebensmitteln auf Reisen. Dabei sind sie mit dekorativen Mustern zudem auch noch ein echter Hingucker. Am besten recycelst du dafür ein paar schöne Stoffreste.
Deine Lebensmittel bleiben so verpackt lange frisch und knackig, weil die Tücher atmungsaktiv und antibakteriell sind. Sie lassen sich dank des wasserabweisenden Wachses ganz einfach mit lauwarmem Wasser abspülen und so beliebig oft wiederverwenden.

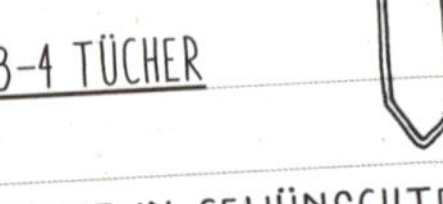

FÜR 3–4 TÜCHER

- ☐ STOFF IN GEWÜNSCHTER GRÖSSE (Z. B. 30X30CM) AUS 100% REINER BAUMWOLLE
- ☐ CA. 100 G ECHTES BIENENWACHS (VON KERZEN ODER ALS GRANULAT AUS DER APOTHEKE)
- ☐ ZWEI BÖGEN BACKPAPIER
- ☐ ALTE ZEITUNG ALS UNTERLAGE
- ☐ KOCHTOPF MIT ETWAS WASSER ODER BÜGELEISEN

ACHTUNG!
NICHT IM WARMEN LAGERN BZW. NICHTS WARMES EINWICKELN!

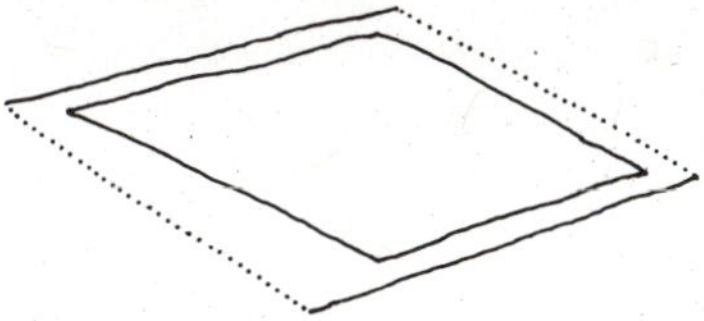

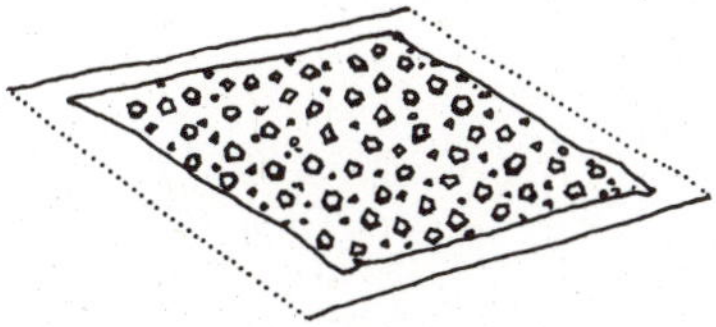

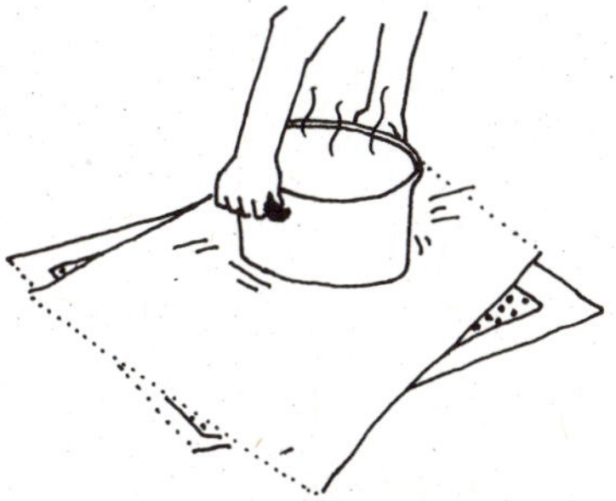

So geht's

- Zunächst nimmst du den gewaschenen Baumwollstoff und reißt oder schneidest ihn in die gewünschte Größe. Da die Kanten später mit Wachs versiegelt werden, brauchst du dir um die Ausfransungen keine Sorgen zu machen.

- Dann breitest du die Zeitungsunterlage aus, darauf kommt ein Bogen Backpapier. Lege nun das Stoffstück auf das Backpapier. Dieses verhindert, dass das Wachs die Unterlage verschmutzt. Verteile das zerkleinerte Bienenwachs gleichmäßig auf dem Stoff und lege den zweiten Bogen Backpapier darauf.

- Nun kommt der Kochtopf als alternatives Bügeleisen zum Einsatz. Erhitze den Topf mit etwas Wasser darin. Nachdem du den zweiten Bogen Backpapier auf den mit Wachs belegten Stoff gebreitet hast, bügelst du mit dem heißen Topf darüber, bis das Wachs geschmolzen ist und sich gleichmäßig im Stoff verteilt hat. Bei Bedarf lege etwas Wachs nach und wiederhole den Vorgang. Bei der Topfvariante kann es sein, dass du ein paarmal nachheizen musst, mit einem Bügeleisen geht es etwas einfacher.

- Ziehe anschließend das Tuch ab und lasse es kurz in deinen Händen erstarren, damit es nirgendwo festklebt. Unterlage und Backpapier kannst du für die Herstellung weiterer Tücher nochmals verwenden. Sobald das Tuch erstarrt ist, kannst du es direkt einsetzen, um deine Lebensmittel zu verpacken. Deine Handwärme hilft beim Einwickeln dabei, das Tuch in die gewünschte Form zu bringen.

FÜR ZWIEBELN ODER KNOBLAUCH EIN SEPARATES TUCH VERWENDEN.

ES EIGNET SICH NICHT, UM FLEISCH ZU VERPACKEN.

RÖSTI

In Irland werden Kartoffelpuffer traditionell zum Full Irish Breakfast und als Beilagen zu diversen anderen Speisen in verschiedenen Variationen serviert. Sie sind super schnell aus nur wenigen Zutaten zu machen und bringen etwas Abwechslung in die Campingküche, vor allem deswegen, weil man sie herzhaft oder süß genießen kann.

FÜR 2 PERSONEN

- ☐ 4 MITTELGROSSE KARTOFFELN
- ☐ 1 ZWIEBEL
- ☐ 1 EI
- ☐ 1 EL MEHL
- ☐ 1 TL SALZ
- ☐ BRATÖL
- ☐ KÜCHENHANDTUCH

So geht's

- Reibe zunächst die geschälten Kartoffeln und die gehäutete Zwiebel in dieselbe Schüssel, so verfärbt sich die Kartoffelmasse nicht.
- Mische das Salz unter und gieße dann die entstandene Flüssigkeit durch ein Küchenhandtuch ab.
- Gib nun das Ei und das Mehl zu der Masse und vermenge alles gut.
- Erhitze etwas Öl in der Pfanne und brate den Teig in Form von kleinen Fladen von beiden Seiten ca. 3 Minuten goldbraun.

TIPP

GENIESSE DAS RÖSTI SÜSS MIT APFELMUS UND ZIMTZUCKER ODER SALZIG MIT SPINAT UND SPIEGELEI.

remember to be mindful

RITUALE

Achtsamkeit lernt sich nicht über Nacht. Das Wichtigste ist, sich immer wieder daran zu erinnern. Beim Reisen bringt jeder Tag neue Abenteuer, dann hilft es, sich Rituale anzueignen, bei denen man sich ganz bewusst auf den Moment konzentriert. Beispielsweise bei Tätigkeiten, die normalerweise unterbewusst und automatisiert ablaufen wie Zähneputzen, Kämmen, Kochen, Tee trinken, Umziehen etc. Versuche, dich voll und ganz dem gegenwärtigen Moment zu widmen. Konzentriere dich auf all deine Sinne und beobachte die Vorgänge in deinem Körper, in deinem Geist und in deinem Umfeld.

Was hörst, spürst, schmeckst, siehst und riechst du?

Wenn nötig, platziere dir ein paar Erinnerungsnotizen oder Symbole in deinem Camper, um dir tägliche Rituale anzueignen.

eat feel GOOD

ESSEN

Lebensmittel liefern uns für alle Lebensvorgänge den notwendigen Energiebedarf und sorgen somit für unser Überleben. Essen beeinflusst nicht nur unsere Gesundheit, sondern auch unser psychisches Wohlbefinden. Sei dir dessen bewusst. Achtsames Essen erhöht das Geschmackserlebnis und die Zufriedenheit, deshalb nimm dir Zeit und Ruhe beim Essen. Sei dir der Energie der Nahrung als Lebensquelle bewusst. Kaue häufig und schenke jeder Zutat deine Aufmerksamkeit, indem du langsam und genussvoll mit allen Sinnen ganz bewusst isst. Nutze Mahlzeiten als tägliche Fixzeiten, um dich an mehr Achtsamkeit in deinem Leben zu erinnern.

Apfel-Zwiebel-Chutney

Chutney ist eine Art würzige Marmelade aus Indien. Die Briten brachten Chutney in der Kolonialzeit nach Europa. Seither wurde es in alle möglichen Geschmacksrichtungen weiterentwickelt und zur längeren Haltbarkeit auch in Gläsern eingemacht. Somit eignet es sich auch wunderbar für das Reisen im Campervan. Es ist leichter zubereitet als gedacht und kann zu verschiedenen Speisen kombiniert werden. In Irland ist Zwiebelchutney besonders beliebt. Hier ist ein einfaches Rezept dafür.

FÜR EIN GLAS (250 ML)

- ☐ 2 MITTELGROßE ZWIEBELN
- ☐ 1 SÄUERLICHER APFEL
- ☐ 1 TL FRISCHEN INGWER
- ☐ 1 EL (KOKOS-)ÖL
- ☐ 1 EL APFELESSIG
- ☐ 100 G ZUCKER
- ☐ 1 TL ZITRONENSAFT
- ☐ 1 TL CURRYPULVER
- ☐ 1/2 TL ZIMTPULVER
- ☐ 1 TL DIJON SENF
- ☐ 1 PRISE SALZ

So geht's

- Zunächst schneidest du die geschälten Zwiebeln, den ungeschälten Apfel und den geschälten Ingwer in sehr kleine Stücke.
- Dünste nun die Zwiebeln in einem Topf in etwas Öl glasig und lösche sie mit dem Apfelessig ab.
- Gib Apfel, Ingwer und den Zucker zu den Zwiebeln und lass alles zusammen unter Rühren einmal aufkochen. Danach mit offenem Deckel unter gelegentlichem Umrühren ca. 25 Minuten köcheln lassen.
- Zuletzt noch Zitronensaft, Curry, Zimt, Senf und Salz unterrühren und nochmals für ca. 5 Minuten aufkochen lassen.
- Nun füllst du das fertige Chutney in ein steriles Glas ***(vgl. Seite 176)*** das du nach dem Verschließen umgestürzt abkühlen lässt.

TIPP

FÜR NOCH MEHR GESCHMACK AUS IRLAND BEIM EINKOCHEN ETWAS IRISH WHISKEY DAZUGEGEBEN.

DANKE-TAGEBUCH

Oft konzentrieren wir uns auf den Mangel in unserem Leben, positive Dinge werden als selbstverständlich hingenommen. Das Danke-Tagebuch hilft, den Fokus auf diese positiven, gelungenen Dinge zu richten und sie bewusst wahrzunehmen. Denn es gibt sie immer und überall, die kleinen Momente des Glücks.
Dankbarkeit ist eine Form der Achtsamkeit gegenüber dem Leben, sein bewusstes Wahrnehmen. Das mindert Stress, erhöht die Zufriedenheit, körperliches Wohlbefinden und bringt Optimismus in dein Leben.
Mache dir die Besonderheit des Lebens mit diesem Tagebuch bewusst und beobachte, was es mit dir und deinem Wohlbefinden macht. Für mehr Platz kannst du dir ein Heft selber Binden ***(vgl. Seite 206)***.

NOTIERE DIR
TÄGLICH DINGE,
FÜR DIE DU
DANKBAR BIST.

ORT/DATUM DANKE...

HEFT BINDEN

Ein kleines leeres Heftchen darf auf keiner Reise fehlen. Darin können Ideen, Skizzen, Geschichten und Gedanken festgehalten werden. Fernab von Alltag und Stress entstehen davon viele. Damit sie nicht in Vergessenheit geraten, kannst du dir mit dieser Anleitung ganz einfach ein individuelles Notizheftchen gestalten.

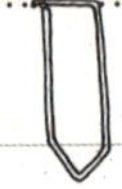

FÜR EIN A6-HEFTCHEN

- ☐ 10 A5-PAPIERBÖGEN
- ☐ 1 A5-KARTON ALS EINBAND
- ☐ 2 WÄSCHEKLAMMERN
- ☐ STABILE UND SPITZE NADEL
- ☐ KERZE
- ☐ 40 CM FESTES GARN
- ☐ CUTTERMESSER

TIPP

NUTZE DEIN SELBSTGEBUNDENES HEFT Z. B. ALS DANKBARKEITS-TAGEBUCH ODER FÜR SKIZZEN (VGL. SEITEN 80/204).

So geht's

- Zunächst faltest du die Papierbögen in der Mitte. Ziehe dabei jeweils den Falz mit dem Fingernagel nach. Ebenso verfährst du mit dem Karton, er wird später das Cover. Also suche dir dafür ein schönes Muster aus oder gestalte ihn selbst, beispielsweise mit Kartoffeldruck ***(vgl. Seite 138)***.

- Nun legst du die Blätter aufeinander auf den Karton. Halte das lose geöffnete Heftchen mit den Klammern zusammen und zeichne dir für die Löcher auf der Falzlinie Punkte ein. Einen in der Mitte und jeweils zwei im Abstand von je 2,5 cm oberhalb und unterhalb davon.

- Steche einmal ohne Faden die Löcher vor. Fädle dann das Garn in die Nadel und ziehe es einmal durch das Wachs der Kerze.
So kann es besser verarbeitet werden.

- Für die Naht stich mit dem gewachsten Garn zunächst von innen durch das Loch in der Mitte und lasse etwas Garn hängen, dann nähe durch die vorgestochenen Löcher wie auf der Abbildung zu sehen. Zurück am Anfang verknotest du den Anfang und das Ende mit einem festen Knoten.

- Beim Schließen des Heftes stehen die Innenseiten etwas über, diese Überstände kannst du am besten mit einem Cuttermesser entlang einer geraden Kante abschneiden. Und schon ist es fertig, dein selbstgemachtes Heftchen.

LET
GO!

LOSLASSEN

Vergebung ist ein wichtiger Schritt zu mehr Achtsamkeit. Ist dein Verstand ständig mit anderen oder eigenen Fehlern beschäftigt, wird er nur schwer zur Ruhe kommen. Vergebung befreit deinen Geist und schafft Platz für Frohsinn und Kreativität.
Höre damit auf, dich und andere zu bewerten, lass stattdessen Liebe fließen. Vergib und lass alten Schmerz los. Denn wenn du deine Sicht änderst, ändert sich auch dein Umfeld. Übernimm selbst Verantwortung dafür und schiebe dein Wohlbefinden nicht auf andere. Denn sie kannst du nicht ändern. Wohl aber deinen Fokus. Vergib dir selbst und anderen.

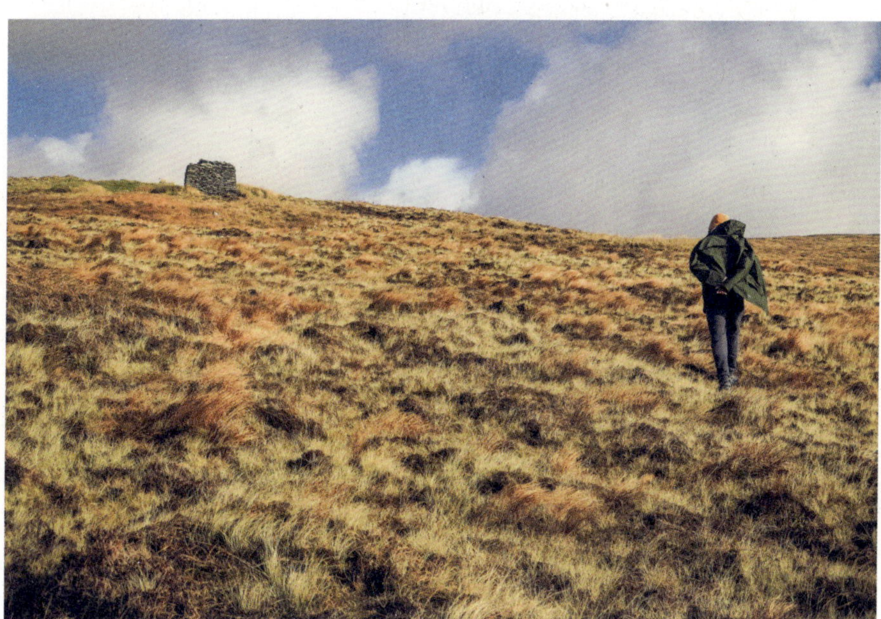

TEELICHTOFEN

Unterwegs im Campervan kühlt es abends teilweise sehr schnell ab. Dieser Teelichtofen ist eine günstige Wärmequelle und sorgt durch die Wärmespeicherfunktion des Tons für ein angenehm warmes Raumklima. Der Ofen ersetzt dabei keine klassische Heizung für eisige Nächte, macht einen kleinen Raum aber gefühlt ein bis zwei Grad wärmer und schafft ein gemütliches Ambiente. Besonders in direkter Nähe wärmt er durch die gleichmäßige Wärmeverteilung auf der Oberfläche der Tontöpfe. So kannst du dir die Hände direkt daran wärmen.

ACHTUNG!
SEI VORSICHTIG BEIM UMGANG MIT FEUER IM CAMPER.

AUS DEM BAUMARKT

- ☐ TONUNTERSETZER Ø 13 CM
- ☐ BLUMENTOPF AUS TON Ø 13 CM
- ☐ BLUMENTOPF AUS TON Ø 11 CM
- ☐ 22 CM GEWINDESTANGE M10
- ☐ 8 MUTTERN M10
- ☐ 1 HUTMUTTER M10
- ☐ 6 GROSSE UNTERLEGSCHEIBEN M10
- ☐ 1 ABSTANDHALTER M10 3,5 CM LANG
- ☐ 3 TEELICHTER (+HALTERUNG)
- ☐ 10ER SCHRAUBENSCHLÜSSEL
- ☐ BOHRER MIT STEINBOHRAUFSATZ, Ø 1 CM
- ☐ METALLSÄGE
- ☐ OPTIONAL: HITZEBESTÄNDIGER KLEBER

let it shine...

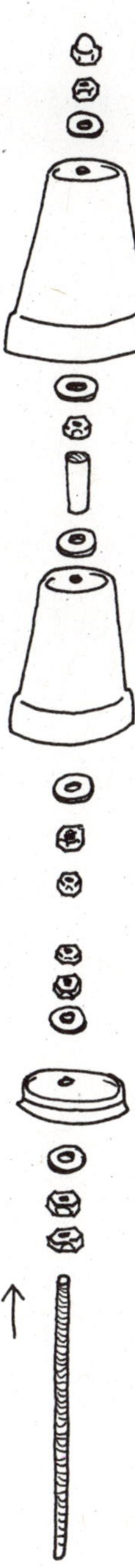

So geht's

- Bestenfalls kannst du dir schon im Fachgeschäft die Gewindestange auf 22 cm zurechtsägen lassen. Falls nicht, benötigst du eine Metallsäge und einen starken Arm.
- Als nächstes musst du ein Loch in die Mitte des Tonuntersetzers bohren. Dazu verwendest du den Steinbohraufsatz und bohrst ohne Schlagfunktion vorsichtig auf einer Holzunterlage.
- Nun geht es auch schon ans Zusammenbauen. Dafür verschraube die einzelnen Teile wie in der Zeichnung zu sehen von unten beginnend. Benutze den Schraubenschlüssel, um die Muttern festzuziehen. Die doppelten Muttern verhindern das Losdrehen und halten den Ofen auch bei Vibration auf holperigen Straßen zusammen.
- Bei Bedarf kannst du Halterungen für die Teelichter auf dem Untersetzer mit einem hitzebeständigen Kleber befestigen.

TIPP

FÜR MEHR WOHLBEFINDEN TRÄUFLE EIN PAAR TROPFEN ÄTHERISCHES ÖL AUF DEN OBEREN TONTOPF.

JUST
BREATHE

Atmung ist überlebenswichtig, sie versorgt unseren Körper und all unsere Zellen über das Blut mit frischem Sauerstoff. Atmen ist wichtigstes Bindeglied zwischen Körper, Geist und Seele und beeinflusst spürbar unseren Gemütszustand. Indem wir uns auf unseren Atem konzentrieren, verbinden wir uns mit unserem Inneren und diesem Moment.
Denn Atmung und mit ihr das Leben kann nur in uns selbst stattfinden. Deshalb nimm dir öfter bewusst Zeit dazu, tief durchzuatmen. Richte deine Aufmerksamkeit voll und ganz auf dich und deinen Atem. So lässt jeglicher Stress nach und es entsteht Freiraum um dich herum.
Lege dafür eine Hand auf deinen Bauch und die andere auf deine Brust. Spüre, wie sich dein Bauch und Brustkorb heben und senken, wie die Luft durch deine Nase strömt und dich mit Leben erfüllt. Ganz selbstverständlich.

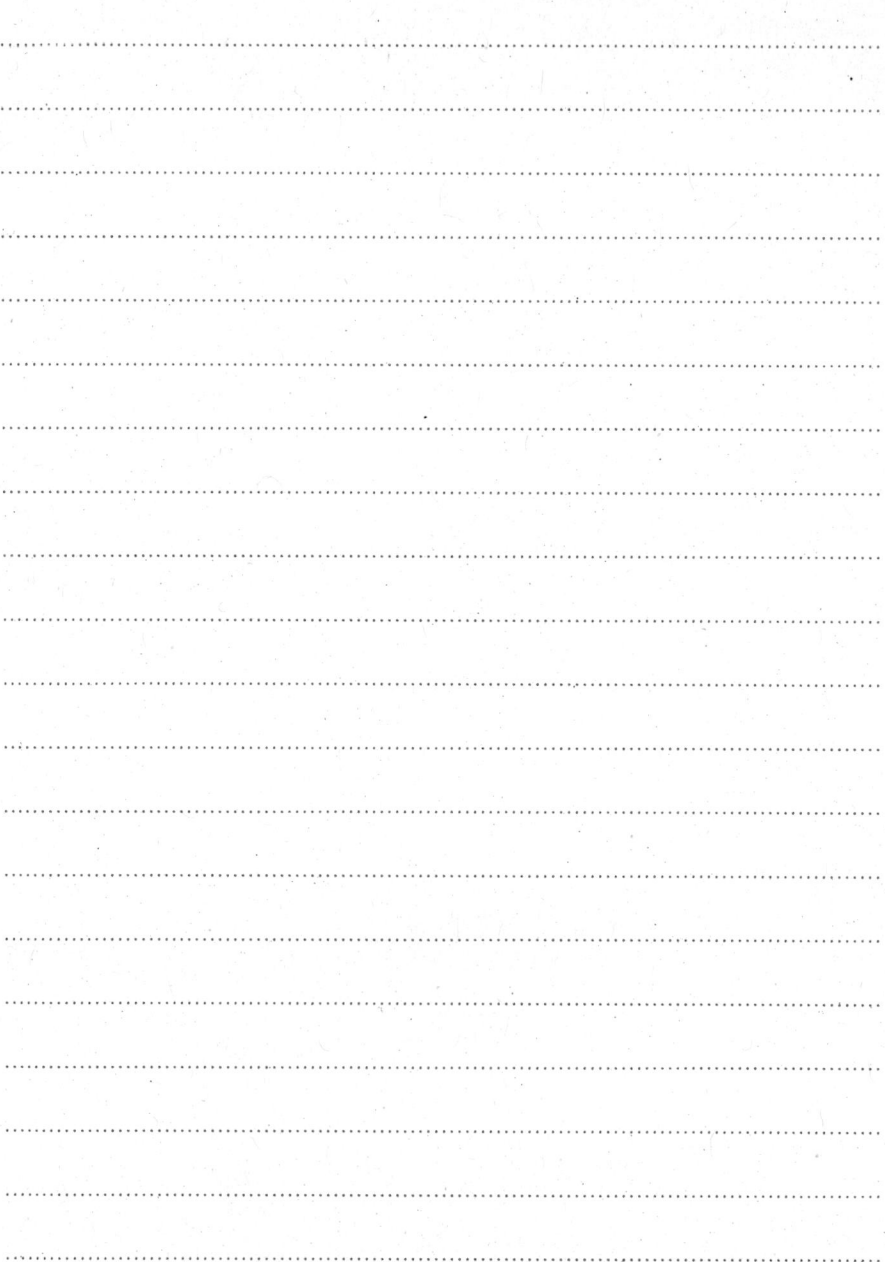

Das Königreich zwischen Wüste, Meer und Gebirge ist nur eine knappe Stunde mit dem Schiff von Europa entfernt, und doch eröffnet sich bei der Ankunft im Norden Afrikas eine komplett neue Welt. Voll mit bunter Kunst und Kultur wirkt Marokko wie aus einem orientalischen Bilderbuch und zieht jeden Besucher mit seiner Vielfalt in den Bann. Die Straßen führen aus dem stark bevölkerten Norden vorbei an schneebedeckten Bergen, fruchtbaren Ebenen, Wäldern, Oasen und kilometerlangen Sandstränden bis in einsame Wüstenlandschaften der Sahara im Süden.

Marokkos Landschaftsbild wird gekennzeichnet von maurischer Architektur, beeindruckenden Moscheen, Kasbahs und den Stadtmauern der alten Medinas.

Auf den einheimischen Märkten herrschen fröhliches Durcheinander und lautstarker Handel. Von frischem Obst und Gemüse über lokale Spezialitäten bis hin zu Lederwaren ist alles zu finden.

Vor allem aber verzaubert Marokko mit seiner unbeschreiblich gastfreundlichen Bevölkerung. Die Menschen strahlen in ihrer Bescheidenheit zugleich eine extreme Zufriedenheit und Harmonie aus und heißen jeden Fremden mit einer Tasse Tee oder einer Einladung zum Essen willkommen.

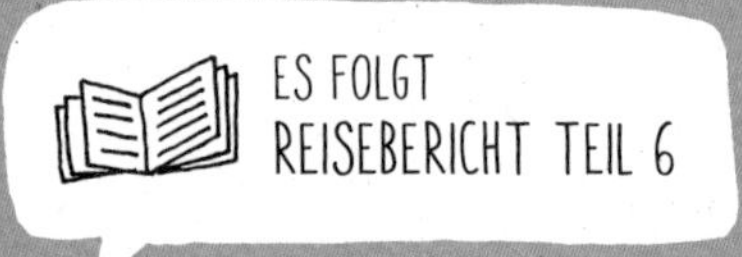
ES FOLGT
REISEBERICHT TEIL 6

MAROKKO

› *Fortsetzung von Seite 189*

UMLEITUNG

Drei Tage vor der geplanten Überfahrt bricht Patschos Kardanwelle bei voller Fahrt. In der Werkstatt muss Patscho auf dem Hof wohl eine Weile ausharren, bis das Ersatzteil aus Italien eintrifft. Deshalb nehme ich all meine Wertsachen heraus und packe sie in das Mietauto der Familie meiner Patchworkschwester, die gerade für ein paar Tage zu Besuch ist. Wir fahren wie geplant zurück ans Meer, um die sechsjährige Tochter, Lia, fürs Surfen zu begeistern. Es ist mal wieder verlängertes Wochenende in Spanien und somit einiges los am Strand, weshalb wir etwas abseits parken. Während wir nichtsahnend in den chaotischen Wellen toben, bricht jemand das Auto auf und bedient sich in aller Seelenruhe an unseren Wertsachen. Laptop, Schmuck, Geld, Kamera und Festplatte, alles weg – und somit auch alle meine Reisebilder, Buchanfänge und Erinnerungen. Wer macht denn bitte sowas? Ich bin total fassungslos, verärgert und aufgelöst. Irgendwie auch selbst schuld?! Das kann doch alles kein Zufall mehr sein: erst mein Knie, dann Patscho, jetzt das! Was soll mir das bitte sagen?

Ich verstehe die Welt nicht mehr.

Lia schon, denn während wir Erwachsenen alle ratlos und aufgeregt sind, reagieren die Kleine und ihr Bruder ganz freudig und gelassen auf den Zwischenfall. Uns geht es ja schließlich allen gut. In ihrer kindlichen Naivität erkennen sie, was wirklich zählt. Das hilft mir, über den Schock hinwegzukommen, und als ich später noch eine beinahe vollständige Sicherung meiner Bilder finde, kann ich fast schon über meine kleine Pechsträhne lachen. Ich bin ja schließlich auf der Suche nach dem Glück, und das kann doch ohne sein Gegenteil, das Unglück, gar nicht existieren. Oder ist beides nur eine Illusion und eine Sache der Sichtweise? Schließlich habe ich Glück im Unglück und befinde mich bei all dem Drama in Andalusien, wo ich mich auskenne und Freunde habe. Bei Bea werde ich herzlich aufgenom-

men, und wir überbrücken die Wartezeit mit der Produktion fürs Weihnachtsgeschäft. Bea macht wie ich Schmuck, so haben wir uns vor einem Jahr kennengelernt. Es ist schön, etwas mehr Zeit mit ihr zu verbringen. Glück oder Unglück? Ansichtssache und abhängig von der eigenen Einstellung und dem persönlichen Fokus. Knapp drei Wochen dauert es, bis mein Patscho wieder fahrtüchtig und ebenfalls bereit für die Überfahrt ist. Bereit und offen für ein neues Abenteuer: Marokko, wir kommen!

Ich nehme die nächste Fähre und setze mit Patscho über nach Afrika. Noch kann ich es kaum fassen, davon habe ich so lange geträumt. Zweifel und Ängste versuche ich zu vergessen und lasse mich freudig auf die neue Kultur ein. Der quietschorange Patscho fühlt sich ganz heimisch unter all den bunten Farben und der lebhaften Stimmung auf den Straßen. Hier fallen wir zwischen zahlreichen Miniautos kaum auf. Die erste Pause führt mich in ein kleines Fischerörtchen, auf dessen Markt mir köstliche orientalische Gerüche entgegenwehen. Ich bin im Schlaraffenland und decke mich mit frischem Obst, Gemüse und anderen marokkanischen Spezialitäten ein. Die Einheimischen begegnen mir offen, neugierig und hilfsbereit auf meiner Entdeckungstour. Ich fühle mich sofort wohl und herzlich aufgenommen. Am nächsten Tag fahre ich gleich weiter Richtung Süden, dort wartet Mat schon seit einiger Zeit auf mich. Bei einem kurzen Zwischenstop in Casablanca sammle ich eine Freundin ein. Die Stadt und der Verkehr machen mich dann doch etwas nervös. Überall wird laut gehupt, wild überholt, und außer den Autos befinden sich überladene Esel, Kamele und zahllose Fußgänger auf den Straßen. Ich bin mal wieder froh, ein kleines Auto zu fahren und für die nächste Etappe in Begleitung zu sein. Wir werden an einem wunderschönen Fleckchen Küste bei *Tajine*[1] und Couscous erwartet. Von hier aus erkunden wir die nächsten Wochen bei strahlendem Sonnenschein die grandiosen Wellen der Umgebung. Während ich zu Anfang meiner Reise nur wenige Tage an einem Ort verbracht hatte, genieße ich es mittlerweile, eine Umgebung richtig kennenzulernen, indem ich länger bleibe und auf kleine Entdeckungstouren gehe, anstatt großen Sehenswürdigkeiten nachzujagen.

Denn es sind die kleinen Dinge, die die Magie eines Ortes ausmachen.

Leider gibt es hier in Marokko viele kleine Plastikdinge, Abfall, der die wunderschöne Natur verschmutzt. Das bringt mich zum Nachdenken und dazu, fortan bewusst auf meinen Verpackungskonsum zu achten. Geschockt muss ich feststellen, wieviel unnötigen Müll ich täglich ganz selbstverständlich produziere. Hier werden mir die Auswirkungen

[1] traditionelles marokkanisches Gericht aus einem Lehmschmortopf

unserer heutigen Konsumgesellschaft auf drastische Art vor Augen geführt. Rücksichtslos nutzen wir den Planeten aus und müllen ihn zu. Ich bemühe mich, in Zukunft weniger Müll zu produzieren, um meinen Teil für ein sauberes Marokko und eine heile Welt beizutragen.

Mir fällt auf, wie wenig Besitz die Menschen in abgelegenen Teilen des Landes haben. Und doch scheinen sie mit einem ursprünglichen, einfachen Lebensstil oft glücklicher als viele Menschen im wohlhabenden europäischen Westen. Anstatt Geld haben sie hier Zeit. Wertvolle Zeit in der Gemeinschaft mit Freunden, Familie und Gästen. Beim stundenlangen Essen von einem gemeinschaftlichen Teller, beim traditionellen *Hamam*[1] oder einfach nur im Schatten der Mittagshitze bei einer Tasse gezuckertem Tee lerne ich die unbeschreibliche Gastfreundschaft und Geselligkeit des Landes kennen und lieben.

[1] *öffentliches orientalisches Bad*

Die Kultur lehrt mich, Materielles und Stress immer mehr loszulassen – und bald auch Matthieu. Eines schönen Surftages bleibt er im Wasser unversehens an einem großen Fischerhaken hängen und kommt nicht mehr los. Er ist seiner Freiheit beraubt, gefangen wie ein Fisch an der Angel. Der Widerhaken sitzt fest verankert in seiner Hand, keine Chance, den Haken in den tobenden Wellen und in der reißenden Strömung herauszubekommen. Nach einer gefühlten Ewigkeit kann ich in einer Wellenpause wenigstens mit meinem Autoschlüssel, den ich immer um den Hals trage, die Schnur durchtrennen. Wir sind einen langen Fußmarsch entfernt vom nächsten Dorf. Von dort aus fahren wir ins Krankenhaus, wo der Haken herausgemetzelt wird. Zurück bleibt ein tiefes Loch. So auch in meinem Herzen, als Matthieu kurz darauf Marokko verlässt, um in seine Heimat zurückzureisen und dort in den Bergen während der Wintersaison zu arbeiten. Wir wissen noch nicht, wann und ob wir uns wiedersehen werden. Ein letztes Mal blicke ich in seine leuchtend grünen Augen und bin mehr denn je dankbar für unsere Begegnung, egal, was daraus werden wird.

Ich brauche ein wenig Rückzug aus der Geselligkeit, um mich auf mich und meine Suche zu konzentrieren, deshalb übe ich mich für die nächste Zeit im Alleinsein. Ich werde häufig gefragt, ob ich mich nicht einsam fühle, so ganz allein. Ja, ich fühle mich teilweise einsam, aber nicht zwingend, weil ich alleine bin. Unterwegs befinde ich mich meist in guter Gesellschaft von Freunden und Reisebekanntschaften. Ich muss mich dann eher bewusst zurückziehen, um ein paar Minuten für mich zu sein. Alleinsein ist ein Zustand, aber Einsamkeit bedeutet ein tiefes inneres Gefühl der Leere, das auch inmitten von Menschen auftreten kann. Den Ursprung dieses Gefühls erhoffe ich im Alleinsein zu erforschen, in der Beschäftigung mit mir selbst. Ich merke, wie es mich immer näher an den Abgrund treibt – und damit in die Angst vor dem Absturz in die Tiefe.

Doch ist es wirklich leer da unten?

Irgendetwas funkelt da doch schon wieder am Grunde des dunklen Lochs. Wie zu einem verborgenen Schatz fühle ich mich hingezogen. Ich möchte mich nicht länger von dieser Dunkelheit distanzieren und mich von meiner Angst beherrschen lassen. So gebe ich mich neugierig der Selbsterforschung hin und nehme all meinen Mut zusammen, um mit geschlossenen Augen hinab in die Tiefe zu springen. Wider Erwarten lande ich ganz sanft und fühle mich weich gebettet, aufgefangen und schwerelos wie im Meer. Ich öffne die Augen, da ist kein harter Abgrund, keine Leere in mir. Hier herrschen Erfüllung, Geborgenheit und Wärme. Das Gefühl von Wahrheit und Verbundenheit mit der Wirklichkeit, dem bloßen Sein und der Natur. Ein Gefühl, dem ich in den Wellen nachjage. Wo ich eins bin mit dem Wasser, der reinsten Form von Leben. Erst jetzt merke ich: Mein Loch ist gefüllt damit. Mit Wasser, mit Leben. Wirklich? Davor hatte ich Angst? Davor bin ich geflohen? Vor dem wahren Leben, vor diesem unbeschwerten, schwerelosen Gefühl? Ich brauche das Loch nicht zu füllen, denn es ist bereits gefüllt, hier herrscht tiefe Glückseligkeit. Ich bin die Quelle selbst. Und bin bereit anzukommen.

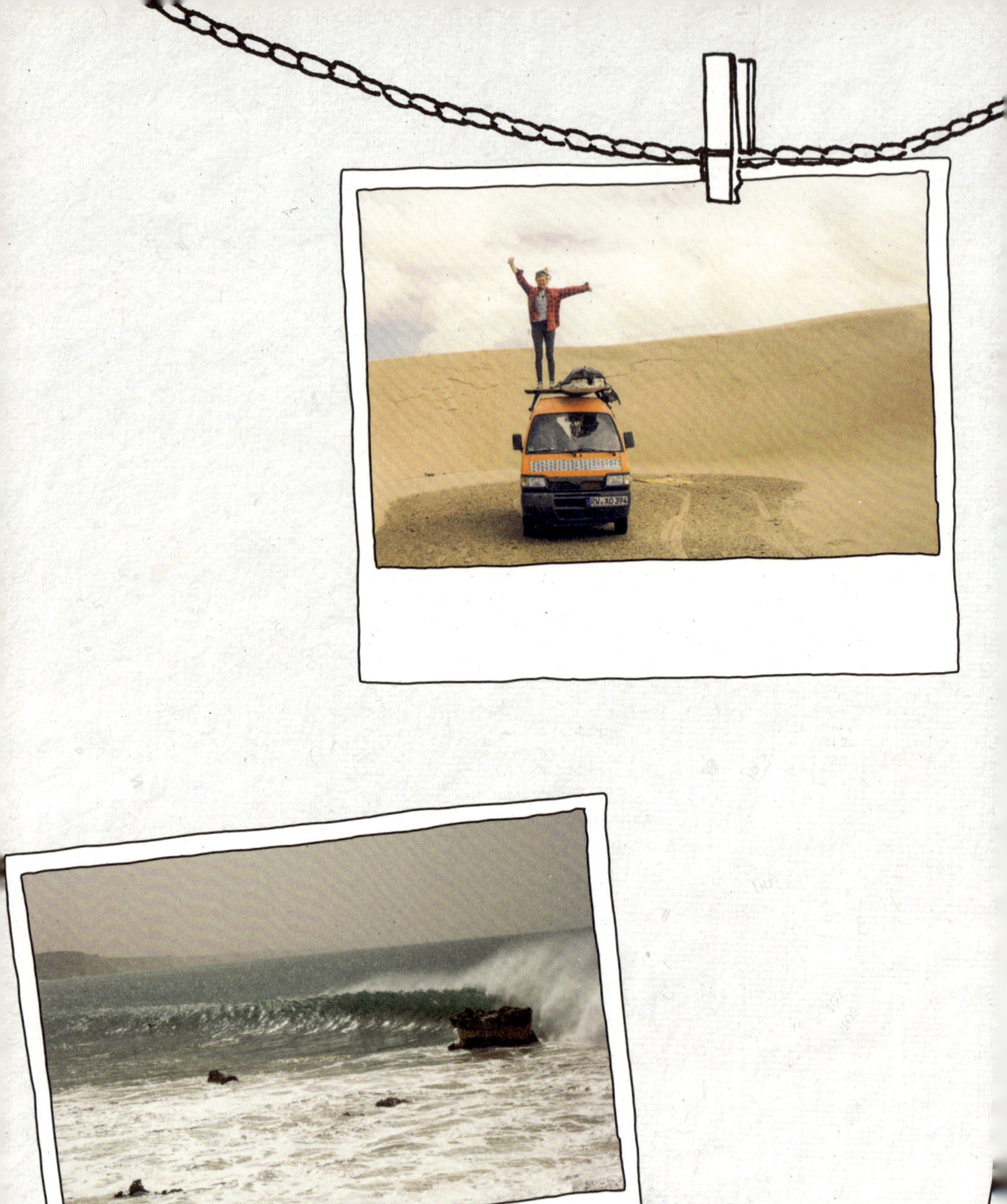

Kati kommt mich zum vierten Mal auf meiner Reise besuchen. Mit ihr, meiner kleinsten Freundin mit dem größten Herzen, teile ich am liebsten meine zwei Quadratmeter. Doch irgendetwas ist dieses Mal anders, der gefundene Schatz scheint mich von innen zu erfüllen. Wir verbringen die bisher schönste und vergnügteste Zeit. Zusammen lassen wir uns treiben, schreien, tanzen, singen und lachen von früh bis spät, sodass unsere Mitmenschen schon nach dem Rezept für diese ausgelassene Glückseligkeit fragen. Ein Rezept mit nur einer Zutat, immer und überall verfügbar, ganz nah bei dir: du selbst. Als Kati dieses Mal abreist, hinterlässt sie kein leeres Loch. Es ist gefüllt mit Liebe.
Danach folgt eine Zeit der Befreiung, Erfüllung und tiefen Daseinsfreude. Gemeinsam mit einer Kolonne von Abenteurern und Surfern aus aller Welt erkunde ich Marokkos entlegenen Süden bis in die endlosen Sanddünen der Westsahara. Wir kochen auf offenem Feuer, surfen perfekte menschenleere Wellen und tauchen tief ein in die fremde Kultur. Am südlichsten Punkt meiner Reise bin ich endlich da, wo ich hinwollte, im Glück zuhause, bei mir selbst. Es wird nun Zeit, auch physisch die Heimreise anzutreten und der Route der Zugvögel zu folgen für einen Sommer in der Heimat.

› *Fortsetzung auf Seite 258*

TRUST THE TIMING OF LIFE

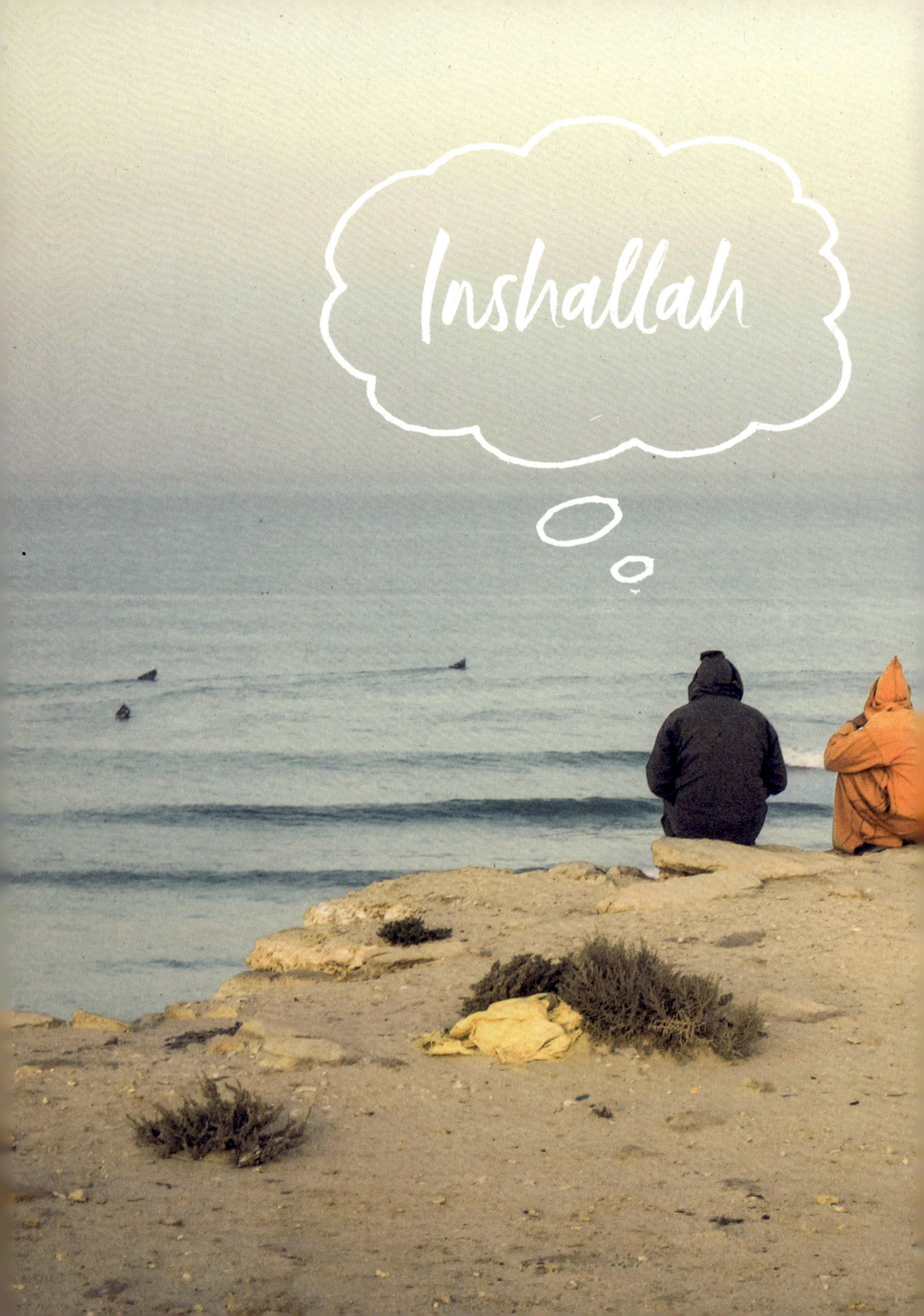
Inshallah

URVERTRAUEN

Inshallah ist ein arabischer Ausdruck und steht für „So Gott will". Es ist eine sehr gebräuchliche Redewendung in Marokko. Sie beruft sich auf eine höhere Ordnung und das Vertrauen in diese. Das erfüllt die Gesellschaft mit einer gewissen Gelassenheit. In Spanien und Portugal finden die gleichbedeutenden Begriffe „ojalá" und „oxalá" ebenfalls häufigen Einsatz. Vertrauen in jeglicher Form ist wichtig für unser seelisches Wohlbefinden. Es schenkt uns Sicherheit und Stabilität. Das Urvertrauen geht noch weiter. Es ist ein tiefes, natürliches Vertrauen in das Leben. Ein Vertrauen, dass man, egal, was kommen mag, geborgen ist. Dieses Vertrauen können wir nirgendwoher generieren, weder aus Partnerschaft, unserer Familie, Religion oder Geld noch aus Versicherungsverträgen. Es schlummert in den Tiefen jedes Einzelnen und ist grundlegend für emotionale Sicherheit, für das Vertrauen in sich selbst und in andere Menschen.

Ergründe das Urvertrauen in den Achtsamkeitsübungen, in der Konzentration auf dich und den Moment.

PFANNENBROT

Brot ist aus der marokkanischen Küche nicht wegzudenken. Egal zu welcher Mahlzeit wird Khobz (so heißt Brot auf Arabisch) aufgetischt. Batbout ist ein marokkanisches Fladenbrot und kann ohne Ofen einfach in der Pfanne gebacken werden. Das frische und fluffige Brot schmeckt noch warm mit süßem Aufstrich oder auch mit herzhafter Füllung super lecker. Hol dir damit etwas marokkanisches Flair in deine Campingküche.

FÜR 2 GROSSE ODER VIER KLEINE BROTE

- ☐ 500 G WEIZENMEHL
- ☐ 1 PACKUNG TROCKENHEFE (7 G)
- ☐ 3 PRISEN SALZ
- ☐ 1 PRISE ZUCKER
- ☐ 250 ML LAUWARMES WASSER
- ☐ ETWAS ÖL

TIPP
DU KANNST DEM TEIG VERSCHIEDENE KRÄUTER BEIFÜGEN UND SOMIT DEIN GANZ INDIVIDUELLES BROT KREIEREN.

So geht's

- Vermenge zunächst alle Zutaten in einer Schüssel.
- Nun füge 1 Tasse lauwarmes Wasser nach und nach hinzu und verknete die Masse dabei zu einem homogenen Hefeteig. Dieser Arbeitsgang fordert einiges an Knetkraft und sollte mindestens 10 Minuten andauern.
- Den Teig dann ca. 30 Minuten zugedeckt an einem warmen Ort ruhen und gehen lassen, bis er an Volumen zugenommen hat.
- Den Teig nochmals kurz durchkneten und in 2–4 Portionen teilen. Diese auf einer mit Mehl bestreuten Arbeitsfläche zu ca. 1 cm dicken Fladen formen und nochmals ca. 10 Minuten zugedeckt ruhen lassen.
- Dann in jeden Fladen mit dem Finger mittig ein Loch drücken und von jeder Seite ca. 4 Minuten bei mittlerer Hitze in einer geölten Pfanne mit geschlossenem Deckel goldbraun backen. Fertig ist das marokkanische Pfannenbrot!

EXPAND
YOUR
horizons

DUFTSÄCKCHEN

Düfte verändern das Raumklima. Sie gelangen über unsere Nase ins Gehirn, wo sie Nerven stimulieren und Hormone freisetzen. So beeinflussen sie unsere Stimmung und können uns ein Gefühl von Zuhause und Geborgenheit geben. Deshalb sollte auch im Campervan eine Duftquelle nicht fehlen. Die verschiedene Dufterzeuger aus dem Handel sind meist jedoch voll mit chemischen Inhaltsstoffen. Dabei sind doch die angenehmsten Düfte in der Natur zu finden! Ein Duftsäckchen erfrischt den Campervan und lässt deine Wäsche im Kleiderschrank auch noch nach Wochen frisch riechen. Unter dem Kopfkissen sorgt es für einen wohltuenden, erholsamen Schlaf.

WIRKUNG VON DÜFTEN:

Lavendel: ausgleichend
Vanille: erheiternd
Citronella: belebend
Pfefferminze: erfrischend
Rose: beruhigend
Zimt: anregend
Anis: stabilisierend
Jasmin: lösend

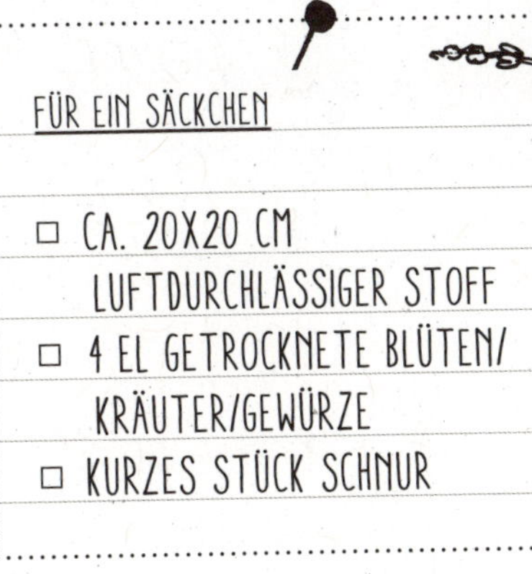

FÜR EIN SÄCKCHEN
☐ CA. 20X20 CM LUFTDURCHLÄSSIGER STOFF
☐ 4 EL GETROCKNETE BLÜTEN/KRÄUTER/GEWÜRZE
☐ KURZES STÜCK SCHNUR

So geht's

- Lege die getrockneten Aromaträger auf den Stoff und binde ihn mit einer schönen Schnur zu einem Säckchen. Am bekanntesten sind Lavendelsäckchen, aber du kannst natürlich auch andere duftende Pflanzen und Kräuter verwenden.

PAP 20

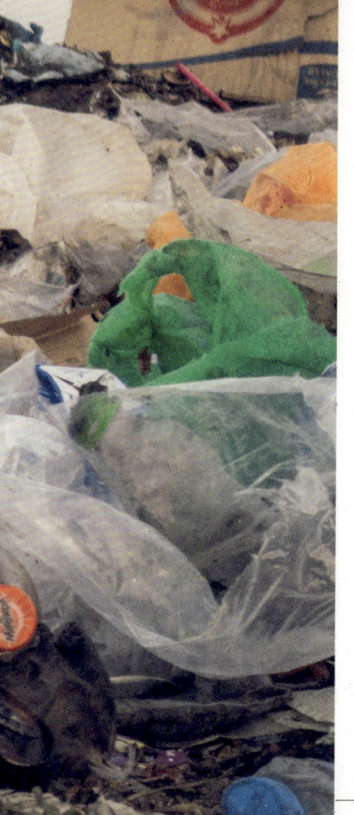

UMWELTBEWUSSTSEIN

Die Erde ist unser Lebensraum. Wir brauchen sie, aber sie braucht uns nicht. Und doch nutzen wir sie aus, verpesten und zerstören sie. Wir bringen ihr natürliches Gleichgewicht durcheinander. Indem wir egoistisch und rücksichtslos handeln, gefährden wir schließlich unser eigenes Überleben. Momentan verbrauchen wir, um unseren hohen Lebensstandard zu sichern, zu viele natürliche Ressourcen. Deshalb müssen wir alle dazu beisteuern, unseren ökologischen Fußabdruck zu reduzieren, um die Umwelt zu entlasten und ein gesundes Überleben künftiger Generationen zu garantieren. Bewusstsein ist der erste Schritt zur Besserung. Deshalb mache dir und anderen die Auswirkungen bewusst, die unser Handeln und Nichthandeln auf unseren Lebensraum, auf unser aller Zuhause hat.

HELP!

VERSCHMUTZUNG DER MEERE

50 Prozent des Plastiks in unseren Händen benutzen wir nur einmal und werfen es dann weg. Was danach damit passiert, ist den meisten von uns egal beziehungsweise nicht bewusst. In unseren Breiten wird es ja immerhin von anderem Müll getrennt und entsorgt. Wir bekommen danach davon nichts mehr zu sehen. Außer, wir haben schon einmal Urlaub in vermüllten Küstenregionen gemacht. Denn Unmengen an Plastik landen in unseren Weltmeeren, ca. acht Millionen Tonnen pro Jahr. Es befinden sich bereits ca. 250 Milliarden Plastikartikel in den Meeren. Dieser Plastikabfall nimmt in Müllstrudeln riesige Flächen der Unterwasserwelt ein. Der Müll gelangt über Flüsse, Strände, Schiffe und Mikroplasik in die Tiefen der See, etliche Meerestiere und Vögel sterben jährlich daran.
Laut Prognose soll bereits 2050 mehr Plastik als Fische in unseren Meeren sein, wenn wir weiterhin so viel Abfall produzieren und „entsorgen".

ERSCHRECKEND!
LEBENSDAUER IM ÖKOKREISLAUF:
KONSERVENDOSE: CA. 50 JAHRE
PLASTIKFLASCHE: CA. 450 JAHRE
PLASTIKTÜTE: CA. 10–20 JAHRE

ERFAHRE AUF SEITE 248, WIE DU DEINEN PLASTIKKONSUM REDUZIEREN KANNST.

SCHLÜSSELBAND

Die ewige Suche nach dem Autoschlüssel, wer kennt sie nicht. Auf Reisen braucht man den Schlüssel so oft wie sonst nie, und doch verschwindet er immer wieder auf unerklärliche Weise. Damit du ihn nicht mehr verlegst und ihn immer bei dir trägst, kannst du dir eine schöne Kordel für den Hals als Schlüsselband knüpfen. Dafür brauchst du nicht mehr als zwei Fäden in deinen Lieblingsfarben und deine Hände zum Knüpfen.

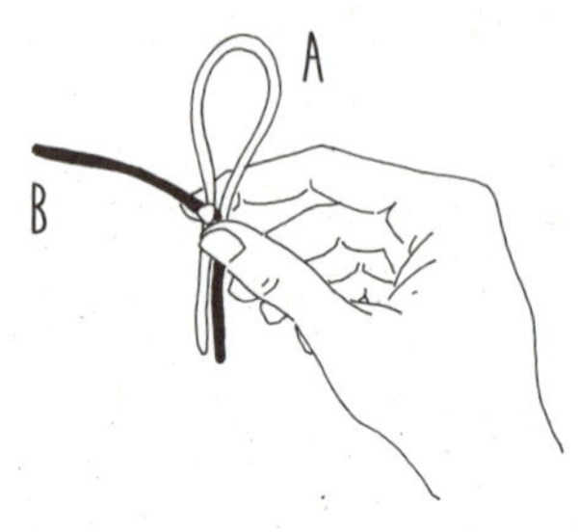

So geht's:

- Die beiden Fäden A und B an einem Ende zusammenknoten. Mit A eine Schlinge bilden. Dabei den Knoten und den Faden mit dem rechten Daumen und Zeigefinger festhalten.

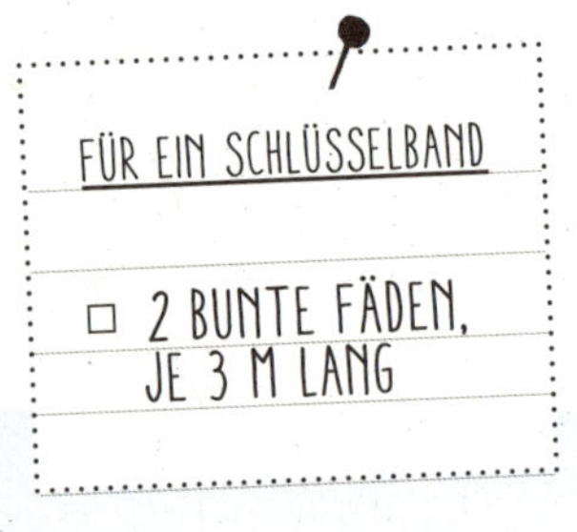

FÜR EIN SCHLÜSSELBAND
☐ 2 BUNTE FÄDEN, JE 3 M LANG

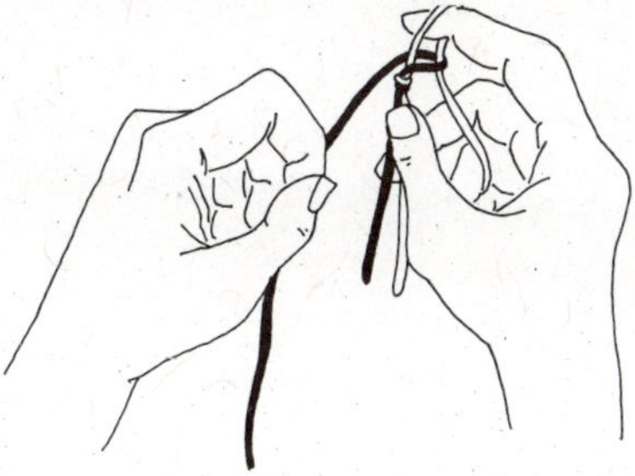

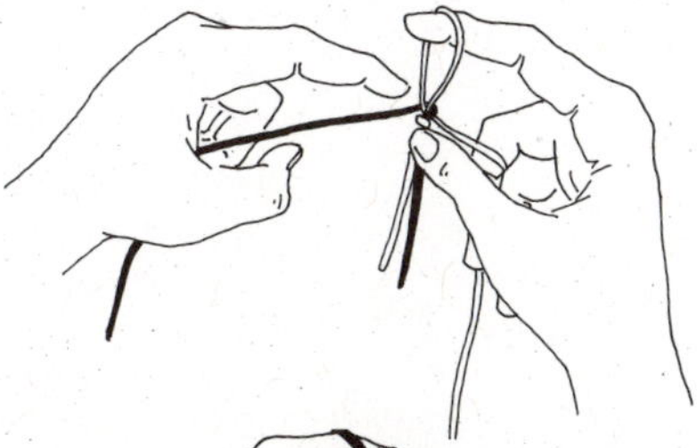

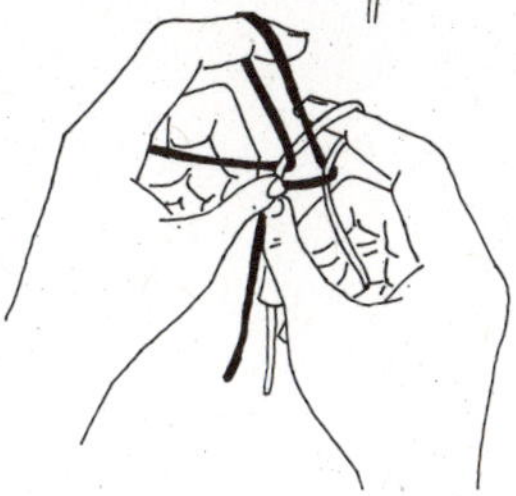

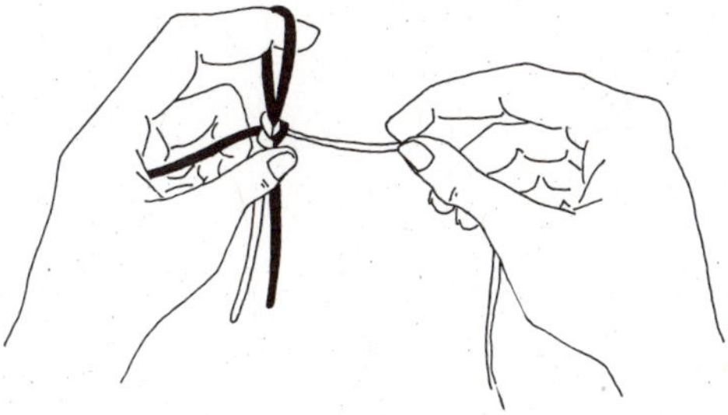

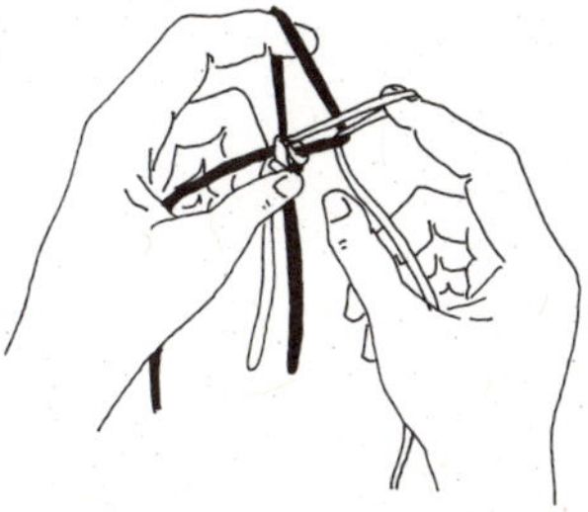

• Dann B wiederum als Schlinge um die Schlinge von A legen.

• Nun mit dem linken Zeigefinger von vorne durch die Schlinge von A fassen und den Faden B von hinten nach vorne als Schlaufe ziehen.

• Nun hast du B als Schlinge auf dem linken Zeigefinger. Übernimm den Knoten mit der linken Hand und lass die Schlinge von A auf den rechten Zeigefinger gleiten.

• Ziehe den Faden A nun mit der rechten Hand fest.

• Nun das Ganze von der anderen Seite wiederholen, also mit dem rechten Zeigefinger von vorne durch die Schlinge von B , Faden A holen und Knoten übernehmen, B fallen lassen und festziehen.

• Diesen Prozess wiederholst du beliebig oft, bis deine Kordel ca. 70 cm lang ist. Das Ende verknotest du, dann kannst du die Kordel mit deinem Schlüssel bestücken und die Enden mit einem einfachen Alltagsknoten verbinden.

SUNBLOCKER

Als Surfer sind wir ständig der Sonne ausgesetzt. Um nicht immer mit einer Clownsnase herumzulaufen, benutzen viele Surfer eine Zinkmischung als Sonnenschutz fürs Gesicht. Diese basiert auf natürlichen Inhaltsstoffen, ist somit abbaubar und belastet die Meere nicht so stark wie eine herkömmliche Sonnencreme. Zinkmischungen sind in allen möglichen Mischverhältnissen und Farben zu kaufen, aber auch ganz leicht selbst gemacht. Der UV-Schutz hängt vom Mengenanteil des Zinks ab, du kannst den Sunblocker somit auf deinen Hauttyp abstimmen. Bei 35 Prozent Zinkanteil beträgt der UV-Schutz ca. 35.

TIPP

WENN DIR DIE WEISSE FARBE NICHT GEFÄLLT, MISCHE ETWAS KAKAOPULVER UNTER.

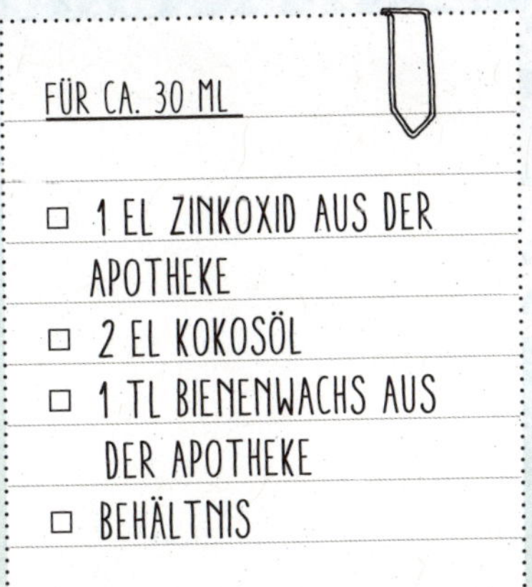

FÜR CA. 30 ML

- ☐ 1 EL ZINKOXID AUS DER APOTHEKE
- ☐ 2 EL KOKOSÖL
- ☐ 1 TL BIENENWACHS AUS DER APOTHEKE
- ☐ BEHÄLTNIS

So geht's:

- Achte bei dem Kauf des Zinks darauf, dass es keine Nanopartikel enthält, da diese in die Haut eindringen. Siebe das Zinkoxid zunächst durch ein feines Sieb.
- Dann erwärme das Kokosöl zusammen mit dem Bienenwachs in einem Wasserbad.
- Sobald die Mischung flüssig ist, kannst du das Zinkoxid untermischen, alles zusammen in das sterile Behältnis ***(vgl. Seite 176)*** abfüllen und abkühlen lassen. Für die Anwendung mit der Körperwärme geschmeidig machen, falls die Salbe zu fest ist.

ACHTUNG!

DIES IST KEINE KLINISCH GETESTETE CREME. JEDER SOLLTE DIE VERTRÄGLICHKEIT FÜR SICH SELBST ERPROBEN.

SELFMADE
SURFPONCHOS
KEEP US ROLLING

SELBSTBILD

Oftmals bestimmt das Ego unser Handeln und somit auch unser Leben. Doch das von unserem Verstand erschaffene Selbstbild ist meist trügerisch und vermittelt uns ein verkümmertes Bild über uns. Es hält uns in einer Rolle gefangen und hindert uns an unserer freien Entfaltung und an der Umsetzung unserer Träume. Das Konzept des Ichs speist sich aus Mustern und Einwirkungen aus der Vergangenheit und unserem Umfeld. Es macht uns verletzlich, weil wir uns damit identifizieren. Wir reagieren gekränkt, wenn jemand unser jahrelang erschaffenes Selbstbild anzweifelt. Um uns davon zu befreien, sind die Beschäftigung mit uns selbst und das Bewusstsein, dass wir über dieses Ego jederzeit hinauswachsen können, wichtig. Das geschieht am besten dadurch, dass wir es beobachten, aber uns nicht damit identifizieren, unsere wahre Stärke leben, indem wir auch unser Selbst bewusst erschaffen.

shine bright

MÜSLIROLLE

Auf Reisen verbringen wir eine Menge Zeit draußen in der Natur und sind aktiv. Dafür brauchen wir viel Energie. Dieser gesunde Snack für Zwischendurch eignet sich perfekt zum Mitnehmen auf eine Wanderung auf den nächsten Gipfel oder als schnelle Energiezufuhr zwischen zwei Surfeinheiten.

FÜR 1 GROSSE MÜSLIROLLE

- ☐ 6 EL HAFERFLOCKEN
- ☐ 5 EL GEHACKTE NÜSSE
- ☐ 4 EL HONIG
- ☐ 2 EL SONNENBLUMENÖL
- ☐ 2 EL LEINSAMEN
- ☐ 4 EL TROCKENFRÜCHTE
- ☐ 1 TL ZIMTPULVER
- ☐ 1 PRISE SALZ
- ☐ BACKPAPIER

So geht's:

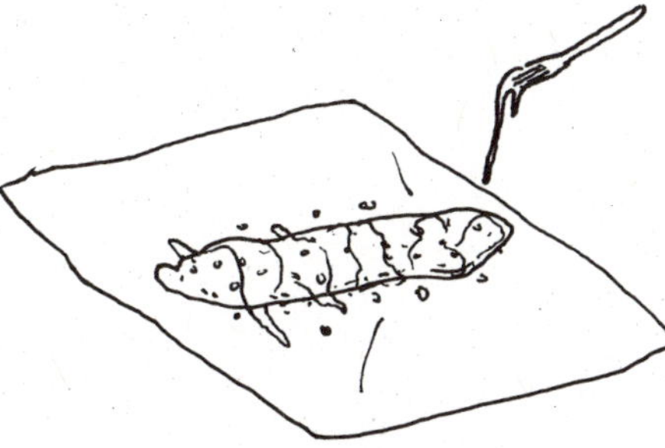

- Röste zunächst die Haferflocken und die Nüsse bei mittlerer Hitze ohne Öl in einer beschichteten Pfanne an.
- Füge dann den Honig und das Öl hinzu und lass das Gemisch karamellisieren.
- Nun mische die restlichen Zutaten gut unter und gib die Masse in länglicher Form auf ein Stück Backpapier. So kannst du sie mit dem Backpapier leicht zu einer Rolle formen. Dabei stark zusammendrücken.
- Lass die Rolle im Backpapier abkühlen und aushärten. Danach kannst du sie noch in kleine Stücke schneiden und auf die nächste Wanderung mitnehmen.

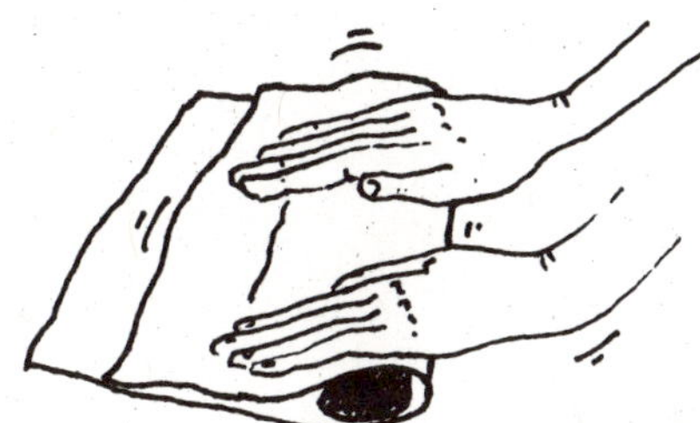

Viel Energie für deine nächsten Abenteuer!

☐ LUNCHBOX STATT TAKE AWAY

☐ KAFFEEBECHER MITBRINGEN

☐ STOFFTASCHE FÜRS EINKAUFEN

☐ GLASGEFÄSSE ZUM AUFBEWAHREN

☐ REPARIEREN ANSTATT WEGWERFEN

☐ FRISCH EINKAUFEN

☐ SECOND HAND STATT NEU

☐ NATURKOSMETIK

☐ NACHFÜLLBARE WASSERFLASCHE

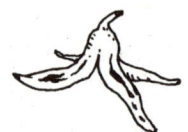

☐ BIOMÜLL KOMPOSTIEREN

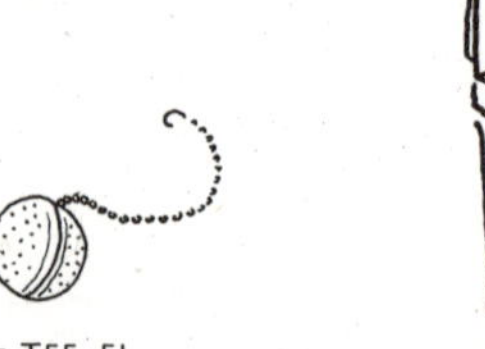

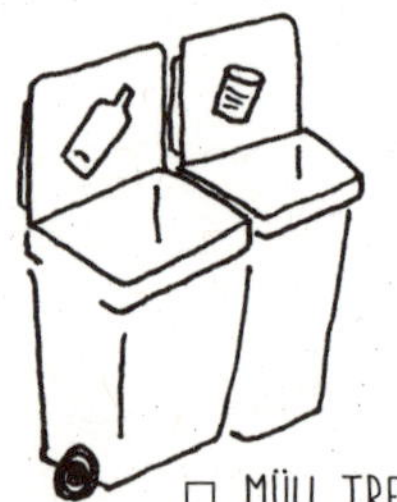

☐ TEE-EI

☐ MÜLL TRENNEN

KONSUM

Wir leben in einer Konsumgesellschaft. Unser Konsum geht oft weit über die Bedarfsdeckung hinaus. Dies ist unserer Wohlstands- und Wegwerfgesellschaft häufig nicht bewusst. Durch Massenproduktion und Globalisierung quellen die Regale riesiger Supermärkte mit Angeboten aus aller Welt zu billigen Preisen über.
Wir können uns dessen nur sehr schwer oder fast gar nicht entziehen. Deshalb ist es umso wichtiger, sich seiner Bedürfnisse bewusst zu sein und diese auch beim Einkauf zu berücksichtigen. Besser, man fragt einmal mehr: Brauche ich das wirklich? Denn letzten Endes bestimmen wir als Verbraucher den Markt.
Durch Achtsamkeitstraining gewinnen wir einen anderen Blick: Materielle Dinge und Überfluss verlieren an Wert, die Konzentration auf das Nötige bestärkt innere Werte und sorgt für mehr Ausgeglichenheit und tiefe Zufriedenheit.
Werde Teil der Less-Waste-Bewegung, versuche deinen Verpackungsmüll durch bewussten Konsum zu reduzieren und damit die Umwelt zu entlasten.

WAS TUST DU BEREITS FÜR WENIGER VERPACKUNGSMÜLL ?

REDUCE, REUSE, RECYCLE

ORANGENKUCHEN

Marokko ist ein Paradies für Lagerfeuernächte unter sternklarem Himmel. Und nichts schmeckt besser als Essen aus dem Feuer. Auf Reisen im Campervan wird Kuchen zu einem echten Luxusgut. Aber was, wenn die Sehnsucht danach mal wieder zu groß wird? Mit diesem einfachen Rezept lässt sich Abhilfe schaffen. So kannst du dir und deinen Camperfreunden ganz bestimmt eine große Freude machen.

FÜR 4 PORTIONEN

- ☐ 100 G ZARTBITTERSCHOKOLADE
- ☐ 1 EL KAKAOPULVER
- ☐ 1 TASSE MEHL (250 G)
- ☐ 1 TL BACKPULVER
- ☐ 1 PRISE SALZ
- ☐ 3/4 TASSE ZUCKER
- ☐ 4 ORANGEN
- ☐ 2 EL ÖL
- ☐ 1 EI
- ☐ ALUFOLIE

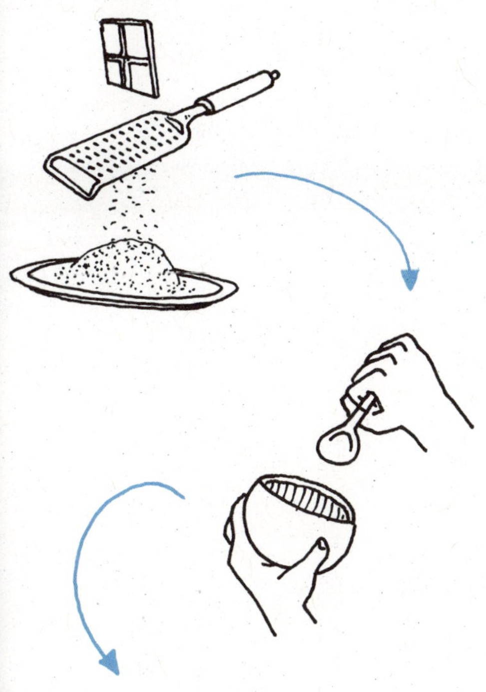

So geht's:

- Rasple zunächst die Schokolade und vermenge sie dann mit Kakaopulver, Mehl, Backpulver, Salz und Zucker.
- Nun schneidest du den Orangen auf 3/4 ihrer Höhe einen Deckel ab, sodass du sie aushöhlen kannst, bis sie leer sind.
- Separiere den Saft vom Fruchtfleisch und messe eine 3/4 Tasse ab. Füge diesen Saft, das Öl und das Ei der Mehlmischung bei und rühre einen glatten Teig.
- Fülle nun die ausgehöhlten Orangenschalen etwas mehr als halbvoll mit dem Teig und verschließe sie mit dem Deckel.
- Die Orangen dann in Alufolie einpacken und in die Glut des Feuers einbetten. Knapp 30 Minuten backen, herausnehmen, abkühlen lassen und genießen.

enjoy life,
it's delicious!

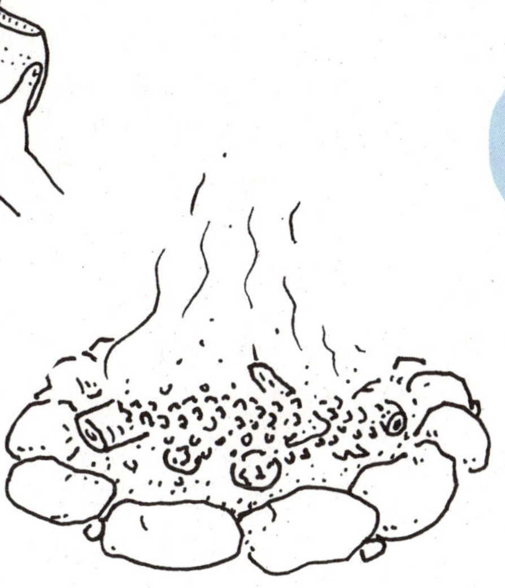

FREE yourself

FREIHEIT

Nicht selten wird Freiheit mit Unabhängigkeit verwechselt. Frei fühlt sich, wer unabhängig von Bindungen oder Verpflichtungen ist. Allerdings wären wir dann nie wirklich frei . Denn wir leben in einer Welt voller Abhängigkeiten, Verbindungen und Wechselwirkungen. Du magst frei sein, in jeden Bus zu steigen, in den du möchtest, aber doch bist du abhängig von Fahrplan und deinen Finanzen. Unabhängigkeit bedeutet teilweise sogar, verantwortungslos oder gar rücksichtslos zu sein. Und das ist nicht Ziel der Freiheit.

Die wahre Freiheit liegt tief in uns. Eine innere Freiheit, wir selbst zu sein. Jeder trägt diese Freiheit in sich, wir sind uns ihrer nur nicht immer bewusst beziehungsweise haben Angst davor, sie zu leben, da wir die Reaktionen aus dem Umfeld fürchten. Doch die Tür steht immer offen. Wir müssen nur den Mut finden und uns uns selbst und der Welt öffnen. Wenn wir wir selbst sind, können wir frei sein und fliegen – frei von äußeren Zwängen und Erwartungen.

you are
HOME

Zuhause ist es am schönsten, weil dort die Liebe wohnt. Es ist der Platz, an dem du du selbst sein kannst, an dem du dich wohl und geborgen fühlst. Ein Ort, an den du immer wieder gerne zurückkehrst, weil er dir ein vertrautes Gefühl gibt. Doch dieses Gefühl existiert losgelöst von diesem Ort. Du trägst es immer bei dir. Und somit auch das Zuhause. Du brauchst es nicht zu suchen, finden oder vermissen. Denn du bist zuhause und geborgen, wo auch immer du dich aufhältst. Die Suche danach wird dich letztlich immer dorthin zurückführen: zu dem Zuhause in dir. Das Tor zum wahren Glück. Bist du bei dir zuhause, bist du im Glück zuhause. Denn dieses entspringt diesem Gefühl. Dem Gefühl von Liebe und Harmonie mit dir selbst. Kehre dorthin zurück. Es liegt in dir, sei dir dessen bewusst und werde glücklich.

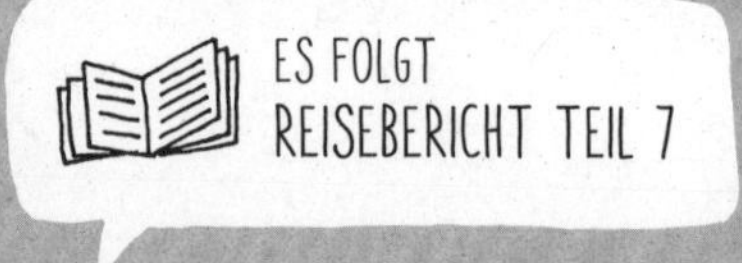
ES FOLGT
REISEBERICHT TEIL 7

RÜCKKEHR

› *Fortsetzung von Seite 225*

ZIELGERADE

Vorbei an einigen meiner Lieblingsorte mache ich mich langsam auf den Weg und lege meine volle Aufmerksamkeit von nun an beflügelt auf das Projekt Buch. Aber wie schreibt man eigentlich ein Buch, wenn man keine Ahnung davon hat und in der Schule Deutsch immer das schlechteste Fach war? Auf der Oberfläche meines Selbst, dem Ego, macht sich wieder ein Sturm breit. Aber dieses Mal weiß ich mir zu helfen, ich habe keine Angst mehr. Ich weiß, wie tief und ruhig es unter dieser wilden Oberfläche ist. So tauche ich also ab und lasse mich von den Strömungen meines Seins zu Alexis nach Lissabon treiben, wo wir die Wellen des Sturms gemeinsam bezwingen und surfen. Mit dem Geträller der Beachboys aus den alten Boxen seines L300 fahren wir von den morgendlichen Surfeinheiten zurück zu unserer Produktions- und Kreativwerkstatt in seiner Wohnung. Ich bin so dankbar und glücklich über Alexis‘ Zeichnungen und über seine Hingabe an das Projekt. Sein Vertrauen und Talent machen mir Mut für den nächsten Schritt: Diesen sehr persönlichen Teil des Buches. Ich verlasse Lissabon und fahre entlang der Küste weiter Richtung Heimat. Meine Reise nähert sich dem Ende, aber ich suche den Anfang. Den Anfang der Geschichte. Also tauche ich noch tiefer ab. Gehe meine Reise in Gedanken nochmals durch und wiege mich dabei schwerelos in den Tiefen meiner selbst.

Mit voller Hingabe an den Stift in meiner Hand schreibe ich aus einer inneren kreativen Intuition, begleitet vom Rauschen der Meereswellen und von Felix, einem guten Freund, der mich zwischen Schreiben und Surfen kulinarisch umsorgt. Ich finde den Anfang und schreibe bis zum Ende, eine Geschichte über eine unglaublich lehrreiche innere und äußere Reise, eine Reise, so tief und schön wie der Ozean. Ich lasse knapp zwei Jahre Revue passieren. Momente der Angst, Liebe, Freude, Trauer, Hoffnung und Sehnsucht ziehen an mir vorbei. Bis ins ferne Afrika bin ich gereist, um sie dann doch ganz nah bei mir zu finden, Glückseligkeit und innere Ruhe. Versteckt hinter der Identität mit dem Ego tief in mir. In dir und in allem Leben. Nach einem letzten epischen Surf mit traumhaften Wellen und Sonnenaufgang über dem französischen Pinienwald verlasse ich, mit einem noch warmen Schokocroissant in der Hand, das Meer. Ohne jegliche Wehmut. Denn ich trage es in mir. Ich bin gegangen, um anzukommen. Ich tauche auf und sage:

hello happiness, here I am, back home!

the END,
or just another beginning?!

look back and SMILE

Oft beginnt etwas mit einer kleinen Inspiration, einem Traum, der uns auf eine Reise schickt, deren Ziel wir noch nicht kennen. Sind wir mutig und lassen uns darauf ein, kann etwas Großartiges daraus erwachsen. Entscheidest du dich dafür, jeden Moment bewusst zu leben, dann wirst du eines Tages zurückblicken auf ein erfülltes Leben.
Egal, ob es Höhen oder Tiefen hatte: Du hast es gelebt.

WRITE
YOUR OWN
STORY

SCHREIBE DEIN NÄCHSTES KAPITEL.

PROGRESS
not perfection

Jetzt ist es soweit, ich stehe kurz vor der Fertigstellung dieses Buches. Morgen gehen die Texte zum Lektor. So lange habe ich darauf hingearbeitet und hingefiebert.
Und doch fällt es mir so schwer, den letzten Punkt zu setzen. Im Entstehungsprozess haben sich Dinge immer wieder neu geordnet und Ideen überholt. So wollte ich vor einem Jahr noch ein Buch über eine Schnecke mit Sehnsucht nach Meer schreiben. Heute lache ich darüber. Was, wenn ich in einem Jahr über dieses Buch lache?
Dann ist das wohl Leben, ein stetiger Prozess, der nie stillsteht. Jeden Moment gibt es nur einmal, es geht immer weiter. Dinge ändern sich, kommen und gehen. Kapitel werden geschrieben und abgeschlossen. Es bringt nichts, sich daran festzuklammern. Oft konzentrieren wir uns nur auf das Ziel unserer Reise. Ein Ziel bedeutet aber gleichzeitig ein Ende.
Doch das Leben kennt kein Ende, es ist ein fortlaufender Prozess und existiert nur von Moment zu Moment.
Ich schaffe es nicht, darunter einen Punkt zu setzen, also mache ich drei
...
Denn das Leben geht weiter!

an meine Großfamilie & treuen Freunde
für euch an meiner Seite

sowie an alle Reisebegleiter,
Rollingshopunterstützer,
Buchbetreuer und Crowdfunder

für Inspiration, Hilfe und Vertrauen
in die Reise des Glücks.

IMPRESSUM

mit Liebe selbstverlegt von

Kerstin Bürk
Graben 18
78628 Rottweil
Deutschland

koermi-koermet.com
@koermikoermet

ICH FREUE MICH SEHR ÜBER FEEDBACK VON EUCH:
info@koermi-koermet.com

Urheberrecht

CREDITS

Illustrationen: Alexis Skerman
mehr unter: behance.net/alexisskerman
Grafischer Support: Robert Hak
Hilfe bei Mediengestaltung: Marie Hak
Lektorat: Dr. Volker Sellmann
Auarell S.274 : Benjamin Paul Fitzgerald

Fotos

Marie Hak: S.012,014,015,017,039,054,055 060,062,064,065,093,122,134,139
Léon Blacquière: S.004,005,006,108,109, 238,244,272,273
Felix Gossler: 240,246,259
alle weiteren von Körmi & Freunden

Haftungsausschluss

Erstauflage

Erscheinungsdatum Dezember 2019
Der Umwelt zuliebe wurde dieses Buch klimaneutral auf Recyclingpapier aus 100% Altpapier in Deutschland gedruckt.
Gedruckt von Holzer Druck und Medien Druckerei und Zeitungsverlag GmbH + Co.KG 88171 Weiler, Fridolin-Holzer-Straße 22 + 24

ISBN 978-3-00 064361-3

together
WE CAN

inspired to create ...

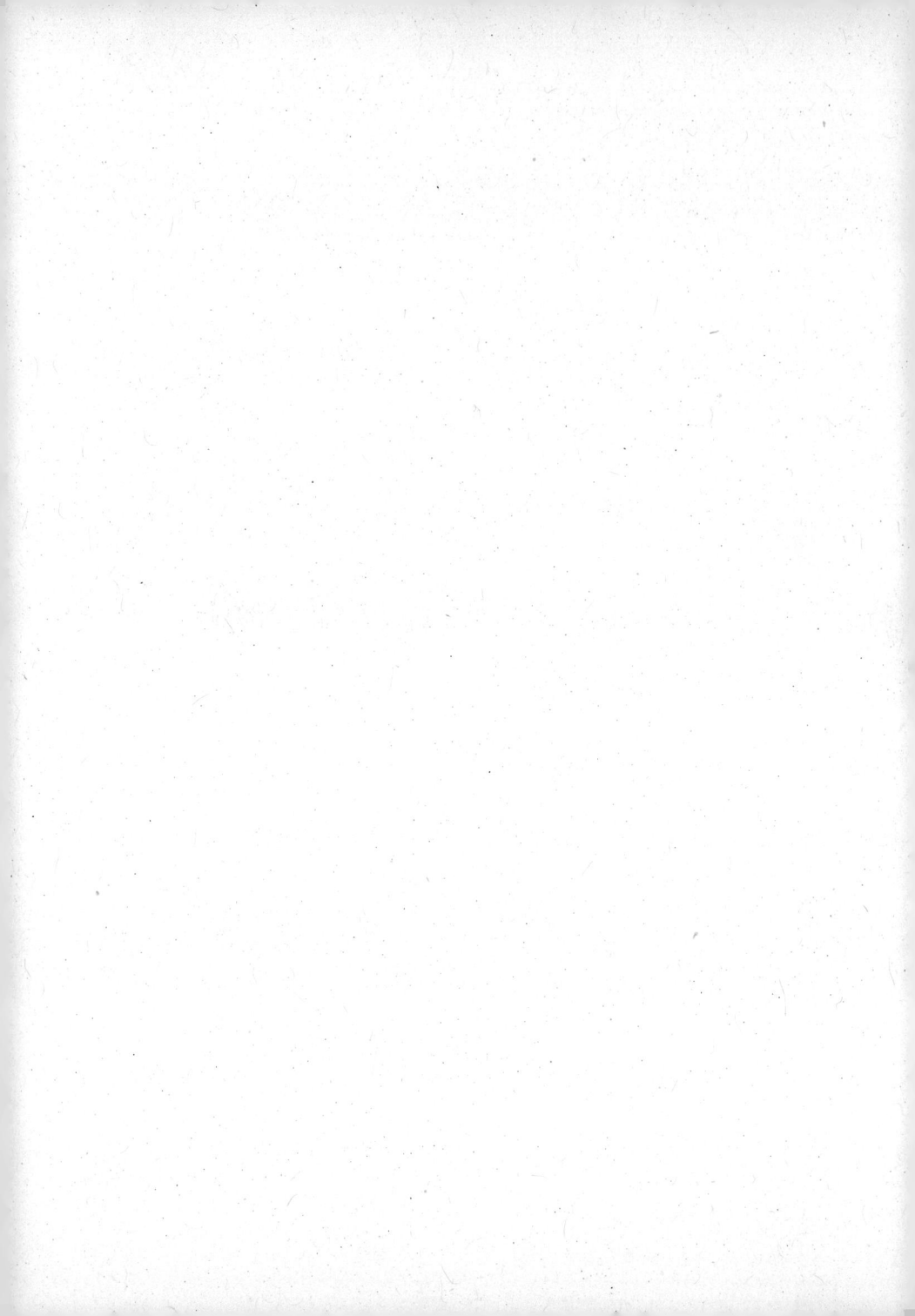